WARTBURG
UNESCO WELTERBE

IM BANN DES GENIUS LOCI

Die Wartburg und die Musik

Herausgegeben
von Grit Jacobs

 Begleitschrift zur
Sonderausstellung
vom 17. Mai 2020
bis 31. Januar 2021
auf der Wartburg

Inhalt

Dank 6

Grußwort *Günter Schuchardt* 7

Grußwort *Bettina Schmidt* 10

Einleitung *Grit Jacobs* 12

I
»Ich bin des milten lantgrâven ingesinde« –
Walther von der Vogelweide, der *Wartburg-*
krieg* und Richard Wagners *Tannhäuser
Jens Haustein 20

»Dich, teure Halle, grüß' ich wieder« –
Die Tannhäuseraufführungen
auf der Wartburg
Daniel Miksch 30

II
»Doch vernehmt's, ihr deutschen
Ohren, Burschen hat er sich erkoren« –
Gesang als politischer Botschafter
beim Wartburgfest der deutschen
Studenten 1817
Dorothee Menke 36

III
»Deutsches Lied verkünde deutschen
Sinn« – **Das 5. Liederfest des Thüringer**
Sängerbundes 1847 in Eisenach und auf
der Wartburg
Dorothee Menke 44

IV
»Musik, die an das Gebet grenzt und es
erhöht« – **Franz Liszt auf der Wartburg**
Grit Jacobs 54

Freskentauglicher Sound in heiligen
Hallen – Das Wartburg Logbuch von
Kravetz & Friends zum Programm
Lust auf Liszt 2011
Jean-Jacques Kravetz 61

V
**»Im linden Abendschein ragt hoch der
Wartburg Zinne« – Die Wartburg in
Wander- und Heimatliedern**
Daniel Miksch 66

»Und weiter kreist die Kanne im
Wartburgzauberbanne« – Die Lieder
der *Wartburg-Tafelrunde*
Daniel Miksch 72

»Von Sagen umwoben, in Schönheit
erbaut« – Die Wartburg in konzertanten
Kompositionen des beginnenden
20. Jahrhunderts
Daniel Miksch 75

Die *Wartburggesänge* von Max Raebel
nach Texten von Hermann Nebe
Grit Jacobs 80

VI
Wer war Max Raebel?
Reinhold Brunner 84

VII
**»Die Urkräfte deutschen Wesens zu
erhalten und zu erneuern« – Maientage
und Dichtertage auf der Wartburg**
Daniel Miksch 92

VIII
**»Das Hohelied der deutschen Einheit
erklingt von den Zinnen der Wartburg« –
Die Wartburgtreffen deutscher Sänger
1953–1956**
Grit Jacobs 98

IX
**»Hinaus in die Welt…« – Die Geschichte
der Wartburgkonzerte**
*Grit Jacobs, Dorothee Menke,
Daniel Miksch* 110

X
**»Die alten Mauern mit jungem Leben
füllen« – Die Wartburgtage der Arbeiterjugend 1977–1990**
Petra Schall 120

»Eine Sternstunde des Blues« –
Bluesnächte auf der Wartburg
Daniel Miksch 128

»Talentierte Rapper im Hof der Wartburg« – *HipHop meets Minnesang*
Daniel Miksch 132

Die Wartburg als »konzertante Weltbühne« – Der MDR-Musiksommer
Dorothee Menke 136

Vom »Zauber des Barock« und »Weih-
nachtsliedern aus aller Welt« – Wartburg-
Festival und Adventskonzerte
Daniel Miksch 142

Interviews *Daniel Miksch* 146

Autorenverzeichnis 160
Abbildungsverzeichnis 160

Dank

Förderer:

- Freistaat Thüringen, Thüringer Staatskanzlei
  Der Minister für Kultur, Bundes- und Europaangelegenheiten

- Wirtschaftsbetriebe Wartburg GmbH

Ein Dank gilt allen Mitarbeiterinnen und Mitarbeitern der Wartburg-Stiftung, der Wirtschaftsbetriebe Wartburg GmbH, den beteiligten Firmen und auch den Künstlerinnen und Künstlern sowie Privatpersonen, die die Realisierung dieses Projektes unterstützt haben.

Grußwort

Der Freistaat präsentiert sich 2020 mit seinem kulturellen Themenjahr als »Musikland Thüringen«. Wenn auch Beethoven nie in Mitteldeutschland weilte, kann diese Region – um den Slogan des Jahres 2017 wieder aufzugreifen – auch mit dem Etikett als »Kernland der Musik« standhalten.

Zugegebenermaßen etwas unbescheiden darf man dessen Anbeginn durchaus auf der Wartburg vermuten. Landgraf Hermanns Musenhof war zu Beginn des 13. Jahrhunderts weithin hoch gerühmt. Die bedeutendsten Sänger und Dichter jener Zeit versammelten sich hier, wobei es unerheblich ist, ob deren sagenumwobener Streit tatsächlich stattfand oder nicht. Selbst Martin Luther, prominentester »Wartburggast«, befasste sich in seiner unfreiwilligen Einsamkeit immer wieder mit den geistlichen Liedern, den Psalmen. In der Zeit des Barock verlagerte sich die Musikalität in die Stadt am Fuße der Burg als Geburtsort Johann Sebastian Bachs und Wirkungsstätte Georg Philipp Telemanns.

In der deutschen Romantik wuchs das Interesse an den Zeugnissen der Vergangenheit. Die sogenannte Wiederherstellung der Wartburg unter Großherzog Carl Alexander von Sachsen-Weimar-Eisenach verlief nicht ohne musikalische Begleitung, man denke beispielsweise an Richard Wagners *Tannhäuser* oder Franz Liszts Elisabeth-Oratorium. Im Kaiserreich, in der Weimarer Republik und in der frühen DDR wurde die Burg zum Symbolort mannigfachster Sängerbewegungen.

Mit dem ersten Wartburgkonzert von Deutschlandfunk Kultur, damals noch Deutschlandsender, am 21. Juni 1958 begann eine weitere, bis heute ununterbrochene Tradition der Musikpflege auf der Thüringer Feste.

Der vorliegende Band umreißt die verschiedensten musikalischen Facetten, die sich mit der Wartburg verknüpfen. Ob MDR-Musiksommer, Zauber des Barock, Tannhäuser-Aufführungen, Bluesnächte, Hiphop, Adventskonzerte, in jedem Jahr wartet die Wartburg mit jeweils rund 40 musikalischen Abenden ihrem Publikum auf.

Sowohl das Themenjahr als auch das nunmehr 400. Wartburgkonzert von Deutschlandfunk Kultur boten Hintergrund und Anlass für die Sonderausstellung »Im Bann des Genius Loci. Die Wartburg und die Musik«. Allen Mitwirkenden und Unterstützern sei für deren Zustandekommen auf das Herzlichste gedankt.

GÜNTER SCHUCHARDT

Burghauptmann der Wartburg

DER HOF ZU EISENACH

Wer in den Ohren sieh ist oder krank im Haupt,
Der meide ja Thüringens Hof, wenn er mir glaubt:
Käm er dahin, würde er ganz bethöret.
Ich drang so lange zu, daß ich nicht mehr vermag.
Ein Zug fährt ein, ein andrer aus, so Nacht als Tag:
Ein Wunder ists, daß da noch Jemand höret.
Der Landgraf hat so milden Muth,
Daß er mit stolzen Helden, was er hat, verthut.
Davon ein jeder wohl als Kämpe stände.
Mir ist sein hohes Thun wohl kund:
Und gelte ein Fuder guten Weines tausend Pfund,
Doch Niemand leer der Ritter Becher fände.

Walther von der Vogelweide. In: Gedichte Walthers von der Vogelweide. Übersetzt von KARL SIMROCK. Dritte, vollständige Ausgabe. Leipzig 1862, S. 219

Der Sängerkrieg auf der Wartburg
August von Wille, um 1859
Öl auf Leinwand, Wartburg-Stiftung
Kunstsammlung, Inv.-Nr. M0317

8

Grußwort

Die Wartburgkonzerte

In unserem Zeitalter hochgradiger Technologisierung des Alltags kommt die Frage auf, warum man eigentlich physisch noch ein Konzert besuchen soll, für das man sich in seinem Tagesablauf einrichten muss. Viel einfacher ist es doch, dann, wenn man selbst es möchte, ein Konzert in allerbestem Surround-Ton und auf riesigem Bildschirm bequem zuhause zu erleben. Die heimische Klangqualität und die visuelle Präsenz ist dem Live-Erlebnis meistens überlegen. Dennoch machen sich die Menschen auf den Weg, fahren an den Fuß der Wartburg, haben den beschwerlichen Anstieg zu bewältigen, um Musik gemeinsam mit anderen zu erleben. Musik, die man nicht zwischendurch kurz mal anhalten kann, um einen Anruf zu tätigen, oder vorscrollen kann, weil einem eine Passage gerade gar so langweilig erscheint. Trotz der digitalen Medien scheint im Ritual eines Live-Konzertes wie auch im gemeinschaftlichen Nachvollziehen und Erleben musikalischer Entwicklungen der Grund eines Konzertbesuches zu liegen. Wenn man auf Konzerteinlass wartend im Burghof umherschlendert, weiß man sich eins mit all den anderen Menschen in der Vorfreude auf Kommendes. Seitenwechsel. Viele Male berichten mir nach einem Konzert die Künstler, dass sie die emotionale Spannung im Konzertsaal, das aufmerksame Zuhören durchaus wahrgenommen haben und dadurch noch zu höherer Intensität ihrer Darbietung animiert worden sind. Das sei heutzutage nicht mehr oft anzutreffen. Diese Rückkopplung zwischen Künstler und Publikum funktioniert im eigentlich kleinen Festsaal des Palas erheblich besser als in irgendeiner modernen Philharmonie, die meistenteils deutlich mehr als 1000 Plätze fasst. Das ist auch der Grund, weshalb Künstler von Rang und Namen, die häufig in riesigen Sälen agieren, gerne auch mal auf die Wartburg kommen, obwohl hier ganz sicher die Gage geringer ist und es darüber hinaus auch keine Künstlerkabine mit Dusche gibt. Aber das große Pfund dieses wunderbar historischen Festsaals ist die überwältigende optische Anmutung in Kombination mit jener erwähnten Nähe zum Publikum. Hier können sich in den ersten Reihen Künstler und Besucher gegenseitig in die Augen schauen. Das schafft Intimität, das birgt nonverbalen Austausch. Darüber hinaus gibt es sicher nur wenige Orte in Deutschland, an denen Kunst und Natur sich so innig vereinen wie auf der Wartburg. Wenn man durch die Musik berührt in der Konzertpause dann ins Tal blickt und vielleicht noch einen Sonnenuntergang obenauf geschenkt bekommt – dann ergreift wohl jede Frau und jeden Mann das Gespür für die Großartigkeit von Natur und Kunst im Spannungsfeld zur Beschränktheit des eigenen Seins. Die Künstler wie auch die Konzertbesucher lieben diese Nähe zum Universum und zur Kunst und das nun schon mehr als 60 Jahre lang. Es ist wunderbar, dass seit mehr als einem halben Jahrhundert die Wartburg-Stiftung und der Rundfunk die Wartburgkonzerte ausrichten und dadurch gemeinsam eine wertvolle Tradition geschaffen haben. Doch das alles wäre nicht möglich gewesen ohne unser Publikum, das seit Jahrzehnten diesem besonderen Ort die Treue hält.

Bettina Schmidt

Redakteurin der Wartburgkonzerte bei DLF Kultur

»*Einen wirklichen Lichtblick gewährte mir die Begegnung der Wartburg, an welcher
wir in der einzigen sonnenhellen Stunde dieser Reise vorbeifuhren. Der Anblick des
Bergschlosses, welches sich, wenn man von Fulda herkommt, längere Zeit bereits sehr
vorteilhaft darstellt, regte mich ungemein warm an. Einen seitab von ihr gelegenen
ferneren Bergrücken stempelte ich sogleich zum Hörselberg und konstruierte mir so, in
dem Tal dahinfahrend, die Szene zum dritten Akte meines Tannhäuser, wie ich sie seitdem als Bild in mir festhielt. [...] Hatte es mich bereits sehr bedeutungsvoll gemahnt,
daß ich jetzt erst, auf der Heimreise von Paris, den sagenhaften deutschen Rhein über-
schritt, so dünkte es mich eine weissagungsvolle Beziehung, daß ich die so geschichts-
und mythenreiche Wartburg eben jetzt zum ersten Male leibhaftig vor mir sah, und ich
war von diesem Eindruck [...] so innig erwärmt, daß ich endlich mit meiner armen
zerschlagenen und erfrorenen Frau glücklich und wohlbehalten in Dresden ankam.*«

RICHARD WAGNER: Mein Leben. Bd. 1. München 1911, S. 263f.

11

Einleitung

»Die Wartburg gehört seit dem frühen 19. Jahrhundert zu jenen verklärend überhöhten, ideologisch umworbenen und politisch vereinnahmten deutschen Erinnerungsorten, die fest im kollektiven Bewusstsein verankert sind. [...] Immer wieder scheint sie im Laufe ihrer Geschichte zum Sammelplatz von Begebenheiten zu werden, in denen Geschichte sich in richtungsweisender Form verdichtet oder an denen sich in idealisierender Rückschau eine bessere Alternative zur eigenen Gegenwart festmachen lässt. Am Beginn steht dabei jener sagenumwobene mittelalterliche Sängerstreit am Hof des thüringischen Landgrafen Hermann I.«[1] Mit diesen Worten leitet Jan Hallmann seine literaturwissenschaftlichen *Studien zum mittelhochdeutschen Wartburgkrieg* ein, die nicht nur für die Germanistik, sondern vor allem auch für die historischen Disziplinen Geltung beanspruchen können. Und tatsächlich spiegelt auch die Musikgeschichte der Wartburg diese Phänomene eindrücklich wider. Aus dem »Musikland Thüringen«, das 2020 als Themenjahr im Fokus steht, ist die Burg nicht wegzudenken, bot und bietet doch ihre wechselvolle Geschichte jeder Epoche so überaus reichhaltige Anknüpfungspunkte. Die Belege reichen vom Mittelalter bis in die Gegenwart, die musikalischen Stilrichtungen vom Minnesang über die patriotischen Lieder der Burschen, die volkstümlichen Heimat- und Wanderlieder, die klassische Musik bis hin zu Blues, Jazz und sogar Hiphop. Dem Facettenreichtum musikalischen Schaffens will die Ausstellung »Im Bann des Genius Loci. Die Wartburg und die Musik« ebenso wie der vorliegende Band Rechnung tragen — ob die Burg nun als besungener und vertonter Sehnsuchtsort oder als Schauplatz musikalischer oder gar politischer Veranstaltungen verschiedener Zeiten in Erscheinung tritt.

In die Zeit des »Beginns« führt Jens Haustein, denn er versetzt den Leser in die turbulente Atmosphäre am Hof Hermanns I., von der durch die »literarische Spiegelung« Walthers von der Vogelweide und Wolframs von Eschenbach »ein so anschauliches Bild wie von keinem anderen [Hof] der Zeit um 1200« entstanden ist.[2] Der *Wartburgkrieg* — ein »über rund zweihundert Jahre hin und in unterschiedlichen metrischen Formen entstandenes Strophenensemble, für das wir Melodien erhalten haben«, bildete die Grundlage für den sagenumwobenen Sängerkrieg, dessen Weg durch die frühen Textzeugnisse wie den *Codex Manesse*, die hagiographische Elisabeth-Literatur, die Landesgeschichtsschreibung etwa des Johannes Rothe der Autor nachzeichnet, um bei Ludwig Bechsteins *Sagenschatz* und schließlich bei Richard Wagner anzulangen. Dem war freilich die im gleichen Band vertretene Mär vom Tannhäuser die wichtigere. Doch durch die Verknüpfung von Heinrich von Ofterdingen mit der Figur des Tannhäusers war die Geschichte auf der Wartburg angesiedelt, mit der Uraufführung der Oper im Jahr 1845 konnte sie ihren Siegeszug durch Europa antreten und der Wartburg selbst alsbald ein neues Stückchen Mythos hinzufügen. Die historische Wartburg und der *Tannhäuser* gehörten nunmehr untrennbar zusammen und der Festsaal bestimmte das Bühnenbild des zweiten Akts zahlloser Aufführungen. Als 2003 schließlich der *Tannhäuser* tatsächlich hier ankam, begann eine neue musikalische Erfolgsgeschichte, die eine Zeitung 2019 mit dem launigen Titel »Bayreuth kann fast einpacken« kommentierte.[3]

Als der große Festsaal im oberen Geschoss des Palas längst noch nicht seine prächtige Ausstattung und lobenswerte Akustik besaß, sangen die zum Wartburgfest 1817 versammelten Studenten und mit ihnen an die 300 Eisenacher Bürger »aus voller Seele« *Ein feste Burg ist unser Gott.*

Dorothee Menke schildert, wie beim Wartburgfest der deutschen Burschenschaften der Gesang zum politischen Botschafter wurde. »Rund um die Feierlichkeiten kam dem gesungenen Wort eine besondere Bedeutung zu; es war Träger einer politischen Botschaft, die teilweise explizit bürgerliche Freiheitsrechte, aber vor allem eine politische Einheit Deutschlands einforderte.« Die aus den zeitgenössischen Quellen geschöpfte Beschreibung des Wartburgfestes belegt einmal mehr eindrucksvoll, wie die Wartburg unter Bezugnahme auf ihre historische Bedeutung zum Ort politischer Meinungsäußerung – auch mit dem gesungenen Wort – wurde. Der geschichtliche, ja dezidiert protestantische Bezugspunkt war Martin Luther, denn das Fest galt gleichermaßen als Feier des vierten Jahrestages der Völkerschlacht bei Leipzig wie des 300. Reformationsjubiläums.

Schon dreißig Jahre später sollten Eisenach und die Wartburg beim Liederfest des Thüringer Sängerbundes erneut zum Austragungsort einer – mit schätzungsweise 16 000–20 000 Beteiligten bis dahin wohl einzigartigen – Massenveranstaltung werden. Dorothee Menke legt hier dar, wie der Gesang, diesmal ganz im Zentrum des Geschehens, die 1847 längst noch nicht erfüllten Forderungen des in Gesangvereinen organisierten, aufstrebenden Bürgertums nach bürgerlichen Grundrechten, politischer Teilhabe und einem deutschen Einheitsstaat verkündete. Die Wartburg war »in der ersten Hälfte des 19. Jahrhunderts nicht nur Projektionsfläche für eine thüringische, sondern – nicht zuletzt durch die Austragung des Wartburgfestes – auch für eine nationale Identität und die Wunschvorstellung für ein geeintes Deutschland geworden.«

Als 1867 der 800. Geburtstag der Wartburg begangen wurde, erklang erstmals Franz Liszts Oratorium *Die Legende von der heiligen Elisabeth* an seinem Bestimmungsort auf der Wartburg. Das Werk, in dem der Komponist seiner tiefen Religiosität, der Verehrung der heiligen Landgräfin und seiner Verbundenheit zu Ungarn Ausdruck verliehen hatte, war inspiriert von den Fresken Moritz von Schwinds in der Elisabethgalerie des Palas. Carl Alexander von Sachsen-Weimar-Eisenach, der die Burg seiner Ahnen zum national-dynastischen Denkmal ausbaute, konnte mit diesem Werk dem intendierten Zusammenspiel aus Geschichte und Mythen, Architektur, Malerei, Skulptur und Literatur auch die Musik hinzufügen. Im Gegensatz zum Elisabeth-Oratorium war das von Liszt komponierte, im September 1873 aufgeführte Festspiel *Der Brautwillkomm auf der Wartburg* freilich nur ein Gelegenheitswerk, anlässlich der Hochzeit Carl Augusts mit Pauline von Sachsen-Weimar-Eisenach, für das Joseph Victor von Scheffel das Libretto gedichtet hatte. Allerdings war das Stück ganz nach den inhaltlichen Wünschen des Auftraggebers Großherzog Carl Alexander von Sachsen-Weimar-Eisenach gestaltet: Ein Gang durch die Wartburggeschichte, in dem sich deren prominenteste Persönlichkeiten Landgraf Hermann I., die Minnesänger des sagenumwobenen Sängerstreits, die heilige Elisabeth und Martin Luther vereinten. Einmal mehr wurde hier der Kanon historischer Ereignisse und Persönlichkeiten aufgegriffen, mit denen der Mythos der Wartburg und ihre Bedeutung als nationales Denkmal seit geraumer Zeit begründet wurden.

Im seit 1871 vereinten Deutschland rückte Thüringen als kulturelles Herz alsbald in die Mitte des Vaterlandes, als dessen bedeutendes Symbol erneut die Wartburg galt, deren historischer Wertekanon mit Minnesängern, Luther und Wartburgfest abermals als Beleg diente. Es waren die zum Ende des 19. Jahrhunderts gegründeten Heimat- und Wandervereine, die diese vornehmlich von bildungsbürgerlichen Kreisen vertretene Sichtweise propagierten. Der Thüringerwald-Verein, und mit ihm ebenso der Rennsteigverein 1896 e. V., wusste auch um »die Macht des kleinen Liedes, das am innigsten unsere Seele ergreift und das Heimatgefühl am tiefsten und wärmsten aufglühen lässt.«[4] Daniel Miksch stellt die Lieder der Wander- und Heimatvereine vor, die die »Burg des deutschen Grals« besangen und in denen sich bei aller »herzerwär-

Der Chor des Wartburg College
aus Eisenachs US-Partnerstadt
Waverly im Jahr 2008 im Festsaal des Palas

menden Wanderfreude, Thüringen- und Wartburgverbundenheit« zunehmend auch »völkisch-nationale[...] Tendenzen und Bestrebungen« zu erkennen gaben. Der Thüringerwald-Verein feierte sein 50jähriges Gründungsjubiläum nirgendwo anders als auf der Wartburg, der »Heimat der deutschen Seele, deren Hut uns Thüringern wie einem priesterlichen Stamme anvertraut ist, weil die größten Söhne unseres Landes dort die tiefsten Quellen deutschen Wesens erschlossen haben.«[5]

Eine Persönlichkeit, die in den 1920er Jahren immer wieder in Erscheinung tritt, ist der Burgwart Hermann Nebe, dessen Lieder nicht zuletzt seine »vaterländisch-deutsch-nationale Gesinnung« verraten.[6] Aus seinem Gedichtband *Wartburg Heil* vertonte der heute nur noch wenigen bekannte Max Raebel sechs *Wartburggesänge*, deren Manuskripte nun ans Licht der Öffentlichkeit gebracht werden. Die Biographie des zweifellos ungewöhnlichen Komponisten, Nordlandfahrers, Zeichners und Fotografen wirft viele Fragen auf, was Reinhold Brunner veranlasst zu titeln: »Wer war Max Raebel?«

Daniel Miksch schlägt mit seinem Beitrag zu den Maien- und Dichtertagen der 1920er und 1930er Jahre eines der dunkelsten Kapitel der (Musik-)Geschichte der Wartburg auf, als der Verein der Freunde der Wartburg seine Mitgliederversammlungen zu Kulturerlebnissen mit musikalischen Höhepunkten gestaltete. Während anfangs noch völkisch-nationale Töne angeschlagen wurden, brach sich nach der Machtergreifung der Nationalsozialisten unverhohlen faschistische Propaganda Bahn. 1935 etwa, als die Maientage des Vereins im Rahmen der Thüringer Bach- und Luthertage und des Tages der Thüringer Schuljugend stattfanden, ließ Staatsminister Fritz Wächtler Luther und Bach zu Heroen werden, denn sie waren die »Wegbereiter der Einigkeit, die jetzt unser Volk durch des Führers Hand in einem einigen Reiche zusammenhält.«[7] 1000 Kinder, die zum Tag der Thüringer Schuljugend auf die Wartburg geströmt waren, begleiteten ihre Feier mit Hitlergruß und *Horst-Wessel-Lied*.

Nach dem Ende des Zweiten Weltkriegs kehrte auf der Wartburg bald auch wieder musikalisches Leben ein. So wurden zu Beginn der 1950er Jahre bereits regelmäßig Orgelkonzerte in der Wartburgkapelle veranstaltet. Die wohl eindrucksvollsten Ereignisse dieser Zeit waren allerdings die Wartburgtreffen deutscher Sänger, während derer 1953 bis 1956 bis zu 20 000 ost- und westdeutsche Chorsänger der »Sehnsucht aller Deutschen nach Einheit und Frieden Ausdruck« verliehen und »ihr natürliches Recht auf ein geeintes Vaterland« forderten.[8] Wie bei vielen kulturpolitischen Veranstaltungen der DDR ging es allerdings darum, ihren Vorbildcharakter für das wiedervereinte Deutschland zu demonstrieren. Bereits 1957 hatten sich die politischen Beziehungen zwischen beiden deutschen Staaten so verschärft, dass derartige Treffen nicht mehr möglich waren – von Wiedervereinigung sollte jahrzehntelang nicht mehr die Rede sein.

»Hinaus in die Welt« hieß es dann aber 1958, als die bis heute traditionsreichste Konzertreihe ihren Anfang nahm. Das Musikland Thüringen war mit den Wartburgkonzerten um ein hochkarätiges und vor allem auch international geprägtes Veranstaltungsformat reicher, das mit den Auftritten internationaler Stars, die von etwa 60 ausländischen Rundfunkstationen in die ganze Welt übertragen wurden, auf seine Weise Grenzen überwand. Was andere Konzertreihen nicht schafften, gelang auf der Wartburg: Im 63. Jahr ihres Bestehens kann Deutschlandfunk Kultur das 400. Konzert feiern – ein Grund mehr, dass drei Autoren dieses Bandes einen tieferen Einblick in die Geschichte und Gegenwart der Wartburgkonzerte geben.

Eigentlich fernab klassischer Musik und für ein gänzlich anderes Publikum waren die Wartburgtage der Arbeiterjugend konzipiert, die »die alten Mauern mit jungem Leben füllen« sollten, wie Petra Schall in ihrem Beitrag beleuchtet. Von 1977 bis 1990 sollten die jährlich im Mai veranstalteten Wartburgtage der Zielgruppe junger Arbeiter ein abwechslungsreiches Programm bieten, das neben Podiumsdiskussionen, Vorträgen, Folklorefesten und etlichen politischen Veranstaltungen der FDJ vor allem auch renommierte Künstler der verschiedensten Musik- und Unterhaltungsbranchen auf die Wartburg führte. Dass die Reihe 1990 ein Ende fand, war den gewandelten Interessen der Besucher in der turbulenten Wendezeit geschuldet – finanziell waren die Wartburgtage nicht zu stemmen und »der in den Vorjahren vorherrschende ideologische bzw. parteiliche Gehorsam, der diese Reihe immer wieder am Leben« gehalten hatte, fehlte nun freilich auch.[9]

Die musikalische Geschichte der Wartburg lässt sich wohl am besten mit der ungeheuren Vielfalt erfassen, von der auch das Titelmotiv von Begleitband und Ausstellung zeugt. Mehr als 40 Veranstaltungen prägen heute jährlich das musikalische Leben auf der Wartburg. Mit den vorgestellten Bluesnächten, der Reihe *HipHop meets Minnesang*, dem MDR-Musiksommer oder dem Wartburg-Festival sind längst nicht alle Formate des gegenwärtigen Musikkalenders der Wartburg beschrieben. So blickt der Eisenacher Schubert-Chor beispielsweise auf eine in das Jahr 1965 zurückreichende Tradition beinahe jährlicher Auftritte zurück. Der Chor des Wartburg College aus Eisenachs Partnerstadt Waverly gastiert seit 1995 regelmäßig (Abb. S. 14/15), auch die Thüringer Bachwochen haben die Burg in ihr Programm aufgenommen. Zwischen 2002 und 2006 versetzte ein *geteiltez spil* zurück in die Welt des Minnesangs am mittelalterlichen Landgrafenhof, die Veranstaltungen des Sängerkrieg-Festivals führten namhafte Künstler wie Christina Zurbrügg, Chico César & Badi Assad, Sissi Perlinger und Arlo Guthrie auf die Burg, um nur einige von ihnen zu nennen. Die Lippmann + Rau-Stiftung gründete sich im Jahr 2006 ganz bewusst im Geiste der musikalischen Tradition auf der Wartburg; ihre Konzerte warteten mit Künstlerinnen und Künstlern wie Gitte Hænnig, Nana Mouskouri, Udo Lindenberg und Peter Maffay auf. Jean-Jacques Kravetz kommt in diesem Band mit dem Wartburg Logbuch zu *Lust auf Liszt* selbst zu Wort und auch Michael Wollny teilt seine Eindrücke mit den Lesern.

So wie der Jazzpianist haben mehrere Künstler in Interviews für die Ausstellung und den Begleitband Rede und Antwort gestanden und einen Eindruck davon gegeben, wie es ist, an einem historischen Ort wie der Wartburg zu musizieren. Der Dank gilt diesen Künstlern, die mit ihren Interviews ganz persönliche Eindrücke vom »Bann des Genius Loci« preisgegeben und die Verbindung zwischen Vergangenheit und Gegenwart auf der »musikalischen« Wartburg geschlagen haben.

Grit Jacobs

1 JAN HALLMANN: Studien zum mittelhochdeutschen »Wartburgkrieg«. Literaturgeschichtliche Stellung – Überlieferung – Rezeptionsgeschichte. Berlin/Boston 2015, S. 9.

2 Siehe für die zitierten Passagen die angesprochenen Beiträge der Autoren in diesem Band.

3 BERND KLEMPNOW: Bayreuth kann fast einpacken. In: Sächsische Zeitung, 10.9.2019.

4 WILHELM GREINER: Festrede zum 50. Stiftungsfest des Thüringerwald-Vereins. In: Thüringer Monatsblätter. Zeitschrift des Thüringerwald-Vereins 1880 e.V.; Nachrichten aus dem Thüringer Wanderverband, 38. Jg., Nr. 10, S. 158–160, hier S. 159.

5 Ebenda, S. 160.

6 Zitiert nach: RÜDIGER HAUFE: »Männer von Thüringens Pforte« – Akteure eines bildungsbürgerlichen Netzwerkes im 20. Jahrhundert. In: Zeitschrift des Vereins für Thüringische Geschichte 57 (2003), S. 205–234, hier S. 213.

7 Zitiert nach: Eisenacher Zeitung, 27.5.1935.

8 Zitiert nach: II. Wartburgtreffen deutscher Sänger. Eisenach. 24.–26. September 1954. Hrsg. vom Festkomitee des II. Wartburgtreffens deutscher Sänger 1954, S. 2.

9 Wartburg-Stiftung, Archiv, Akte 14. Wartburgtage 1990, Kurzeinschätzung, Bericht von ILONA ISRAEL, Leiterin der Öffentlichkeitsarbeit.

»Wagners Tannhäuser am Originalschauplatz vom 2. Akt zu erleben, ist natürlich das Nonplusultra für jeden Musiker und Opernliebhaber. Hinzu kommt natürlich die unglaubliche Schönheit der Wartburg, deren Festsaal und der Umgebung. Wenn Wolfram den Abendsegen singt und gleichzeitig die Sonne untergeht, wird man tief berührt. Das Publikum ist außerdem sehr nahe an den Sängern, man kann jedes Wort deutlich hören, was bei Wagner in vielen Theatern nicht immer einfach ist.«

PHILIPPE BACH, Interview 2019

»Ich bin des milten lantgrâven ingesinde«— Walther von der Vogelweide, der *Wartburg-krieg* und Richard Wagners *Tannhäuser*

Jens Haustein

Haben Walther von der Vogelweide und andere Sänger ihre Lieder eigentlich auf der Wartburg vorgetragen? Die Frage ist komplexer, als sie auf den ersten Blick erscheinen mag. Die ältere Forschung hat dies nämlich vehement bestritten und den Eisenacher Chronisten Johannes Rothe (um 1360–5.5.1434) für diese Mystifikation verantwortlich gemacht, da es für die Wartburg als Musensitz kein einziges literarisches Zeugnis gibt, wohl aber für Eisenach. Die Auffassung aber, dass die Burg schon aus baugeschichtlichen Gründen nicht als Ort des Hofes Hermanns I. von Thüringen infrage kam, ist nun durch neuere dendrochronologische, aber auch stilgeschichtliche Untersuchungen nachdrücklich bezweifelt worden: »Eine alte Historikerdiskussion, ab wann die Wartburg den Landgrafen als Residenz dienen konnte«, so Thomas Biller, »muss damit als beendet gelten – ein beliebig langer Aufenthalt war schon ab den 1160er, spätestens ab den 1170er Jahren zu jeder Jahreszeit möglich«.[1] Zudem sind Wartburg-Aufenthalte Hermanns von Thüringen und der heiligen Elisabeth, deren Tochter Sophie dort 1224 geboren wurde, historisch gesichert. Wir dürfen uns also durchaus Walther von der Vogelweide, Wolfram von Eschenbach und andere Sänger auf der Wartburg vorstellen.

1.

Wann Walther von der Vogelweide (um 1170–um 1230) das erste Mal in Eisenach – und womöglich auf der Burg – war, ist umstritten. Vermutlich ist sein erster Aufenthalt auf das Jahr 1201, vielleicht aber auch schon auf 1198 zu datieren, als er Wien verlassen musste.[2] Man kann annehmen, dass Walther in Thüringen auch seine Minnelieder vorgesungen hat, indirekt bezeugt sind aber nur seine ebenfalls gesungenen Sangspruchstrophen, in denen er politische, moralische oder religiöse Themen behandelte – und sie auch zum Lob oder zur Schelte des Landgrafen und seines Hofes nutzte. Denn anfangs scheint ihm dieser und Hermanns Umgang mit seinem Gefolge wenig behagt zu haben:

> »Der in den ôren sieeh von ungesühte sî,
> daz ist mîn rât, der lâz den hof ze Düringen frî,
> wan kumet er dar, dêswâr er wirt ertœret.
> ich hân gedrungen, unz ich niht mê gedringen mac.
> ein schar vert ûz, diu ander in, naht unde tac.
> grôz wunder ist, daz iemen dâ gehœret.
> Der lantgrâve ist sô gemuot,
> daz er mit stolzen helden sîne hab vertuot,
> der iegeslicher wol ein kempfe wære.
> mir ist sîn hôhe fuor wol kunt:
> und gulte ein fuoder guotes wînes tûsent pfunt,
> dâ stüend doch niemer ritters becher lære.«[3]

Ein anderer Dichter, Wolfram von Eschenbach, hat in seinem *Parzival*-Roman auf diese oder eine ähnlich gelagerte Schelte Bezug genommen, wenn er betont, dass Walther allen Grund habe, die Gleichbehandlung der guten und der schlechten Sänger zu beklagen (*Parzival*, 297, 24–27), jedenfalls, dass der Landgraf sein Geld verschwendet, so dass für den »armen« Walther kaum etwas übrig bleibt, der ja ohnehin im Getöse des Hofes mit seinen Liedern nicht durchdringen kann. Das sollte sich freilich später – offenbar – ändern. In dem zwischen 1213 und 1217 entstandenen Preisgedicht auf Hermann von Thüringen hat das Lob nun jeden Anflug einer Kritik zurückgedrängt:

> »Ich bin des milten lantgrâven ingesinde.
> ez ist mîn site, daz man mich iemer bî den tiursten vinde.
> die andern fürsten alle sint vil milte, iedoch
> sô stæteclîchen niht. er was ‹ez› ê und ist ez noch.
> Dâ von kan er baz dan sie dermite gebâren.
> er enwil dekeiner lûne vâren.
> swer hiure schallet und ist hin ze jâre bœse als ê,
> des lop gruonet und valwet sô der klê.
> der Dürnge bluome schînet dur den snê,
> sumer und winter blüet sîn lop als in den ersten jâren.«[4]

Walther fühlt sich nun, einigermaßen pompös inszeniert, selbst als integrales Mitglied eines Hofes, an dem nur die Edelsten zu finden sind. Hermann lässt seine früher kritisierte Freigiebigkeit (»milte«) jetzt offenkundig auch Walther gegenüber walten, und das Walther'sche Loblied auf Hermann möge so lange blühen, solange die finanzielle Unterstützung dieses – eben nicht wie andere wankelmütige – Herrschers andauert. Geschickter ist kaum je um Geld gebeten worden (Abb. 1)!

Aber Walther konnte sich auch mit Adeligen aus der Umgebung Hermanns anlegen. In einem Sangspruch des sogenannten Atzetons (Wa 104,7) klagt das Walther-Ich vor dem Landesherrn, also vor Hermann I., dass ihm Gerhard Atze, ein nachweisbares Mitglied des Thüringer Hofes, in Eisenach ein Pferd nur deshalb erschossen habe, weil dieses mit demjenigen Pferd verwandt gewesen sei, das Gerhard einen Finger abgebissen habe. Im letzten Vers sucht das Ich Helfer für einen Eid, den es ablegen wolle. Ob hier tatsächlich ein Rechtsprozess literarisch gestaltet oder nur erfunden wurde, weil die realen Standesverhältnisse – hier ein fahrender Sänger, dort ein Adeliger des Hofes – diesen gar nicht zugelassen hätten, ist kaum zu entscheiden. Setzt man allerdings eine literarisch versierte, nicht gerade humorlose, ja vom guten Wein des Landesherrn etwas angeheiterte Hofgesellschaft voraus, dann wird Herr Atze gar nicht der Lächerlichkeit preisgegeben. Im Gegenteil: Man könnte dann sogar über Atzes sophistisch-intelligente Argumentation schmunzeln.

Wie schon erwähnt, ist auch Wolfram von Eschenbach wohl mehrfach in Eisenach und möglicherweise auf der Burg gewesen. Ob er hier auch einige seiner Lieder vorgetragen hat, entzieht

Abb. 1:
Walther von der Vogelweide, Miniatur im *Codex Manesse* erste Hälfte 14. Jh. Universitätsbibliothek Heidelberg Cod. Pal. germ. 848, fol. 124r

sich unserer Kenntnis, auszuschließen ist es freilich nicht. Und dass er hier Lieder Walthers gehört hat, zeigt die oben erwähnte *Parzival*-Stelle; eine andere (115,5–7) deutet sogar darauf hin, dass er auch Lieder Reinmars kannte. Teile seines – allerdings nicht gesungenen, sondern vorgetragenen – *Parzivals* sind jedenfalls hier entstanden; und Hermann hat ihm mindestens die Quelle für seinen zweiten Roman, den *Willehalm*, vermittelt. Auch für sein drittes Werk, den fragmentarischen *Titurel*, in dem es zum einen um die Gralfamilie, zum anderen um die traurige Liebesgeschichte von Sigune und Schionatulander geht, hat man den 1217 verstorbenen Hermann als Auftraggeber angenommen. Der *Titurel* nun ist eine strophische Dichtung – die vierversige Strophe ähnelt derjenigen des *Nibelungenliedes* von fern –, sie wurde also gesungen, wenngleich keine der drei *Titurel*-Handschriften mit einer Melodie versehen ist.

Zu den Sängern am Hof Hermanns rechnet man auch den Tugendhaften Schreiber, dem wir im *Fürstenlob* wiederbegegnen werden.

Einen »scriptor« beziehungsweise »notarius« Heinrich kann die Forschung für die Jahre 1208 bis 1244 nachweisen, ohne dass dieser deshalb schon mit dem Autor identisch sein muss. Erhalten haben sich elf Minnelieder und eine Reihe von Sangspruchstrophen, die sogar in einem Fall in einem Ton Walthers, dem ›Zweiten Philippston‹, gedichtet sind.

Durch Wolframs und Walthers literarische Spiegelung der Situation am Thüringer Hof erhalten wir von diesem ein so anschauliches Bild wie von keinem anderen der Zeit um 1200: Es waren viele Sänger anwesend, es war laut und jeder hatte sich gegen die anderen durchzusetzen, wenn er vom Landgrafen unterstützt sein wollte. Hermanns Mäzenatentum provozierte auf diese Weise eine literarische Konkurrenz, die dann ihren späteren Reflex im *Fürstenlob* des *Wartburgkrieges* finden wird (Abb. 2).

2.

Unter dem *Wartburgkrieg* versteht man ein über rund zweihundert Jahre hin und in unterschiedlichen metrischen Formen entstandenes Strophenensemble, für das wir Melodien erhalten haben. Die Strophengruppen tragen Titel wie *Fürstenlob*, *Rätselspiel*, *Totenfeier*, *Zabulons Buch* oder *Aurons Pfennig*. Konzentrieren wir uns auf das *Rätselspiel* und das *Fürstenlob* (Sängerstreit)!

Im Kern geht es im *Rätselspiel*, das im sogenannten Schwarzen Ton zu singen ist, um ein Wetteifern zwischen Klingsor aus Ungerlant, einer Figur, die sich Wolframs *Parzival* verdankt, und dessen Autor selbst, also Wolfram. Die Rätsel werden in allegorischer Form vorgetragen: Ein Kind ist an einem durch einen Damm begrenzten Seeufer eingeschlafen und lässt sich nicht wecken. Der Vater hatte ihm zuvor eine Art Schutztier namens Ezidemon geschickt, das Kind aber folgt dem Ratschlag eines Luchses. Am Ende bricht der Damm. Wolfram kann nun selbstverständlich das Rätsel auflösen: Der Vater ist Gott, das Kind die Menschheit, Ezidemon ist unser Schutzengel, der Luchs der Teufel und der Dammbruch meint das Ende des Lebens, Reue und Buße hätten geholfen. Als Wolfram schließlich Fragen nach dem Himmel gestellt werden, verweigert er die Antwort mit dem Hinweis darauf, dass es Laien nicht anstehe, über diese nachzudenken. Dieser älteste Teil des *Wartburgkrieges* wird in das zweite Viertel des 13. Jahrhunderts datiert, in der *Jenaer Liederhandschrift* (1330) wird der Ton des *Rätselspiels* Wolfram von Eschenbach zugeschrieben.

Etwas jünger ist das *Fürstenlob* (ca. 1260) im ›Thüringer-Fürsten-Ton‹, das in der *Jenaer Liederhandschrift* als Werk Heinrichs von Ofterdingen gilt, eines Autors, über den wir fast nichts wissen, hinter dem man aber auch den Autor des *Fürstenlobs* selbst vermutet hat (Abb. 3). Zunächst tritt Heinrich von Ofterdingen auf und behauptet, dass der Herzog von Österreich der freigiebigste Fürst sei. Könne ihm das jemand widerlegen, werde er sich als Dieb gefangen geben. Walther tritt auf und stellt in Aussicht, dass er morgen einen Fürsten nennen wolle, der noch besser sei als der König von Frankreich, der seinerseits über dem Österreicher stehe. Für den Verlierer solle morgen der Henker herbeigerufen werden. Reinmar von Zweter und Wolfram von Eschenbach werden als Schiedsrichter bestellt. Heinrich bittet den Landgrafen, der offenbar im Kreis der Sänger zu denken ist, ihm den Eid abzunehmen. Der Tugendhafte

Abb. 3:
Beginn des *Wartburgkrieges (Fürstenlob) Jenaer Liederhandschrift*, erstes Viertel 14. Jh., Thüringer Universitäts- und Landesbibliothek Jena (ThULB) Ms. El. f. 101, fol. 123v

Schreiber kann den folgenden Tag kaum abwarten und lobt schon einmal Hermann von Thüringen als großzügigsten Fürsten. Nach einigem Hin und Her tritt (am zweiten Tag?) Walther erneut auf die Bühne und polemisiert gegen den Österreicher. Als Walther die Frage stellt, wer wohl mit der Sonne zu vergleichen sei, antwortet Heinrich hastig, dass dies nur der Österreicher sein könne. Da Walther aber den Thüringer mit dem Tag verglichen hat, hat Heinrich verloren, wurde doch – folgt man der Schöpfungsgeschichte (Gen 1,3–5 und 16) – der Tag am ersten Schöpfungstag geschaffen, Sonne, Mond und Sterne hingegen erst am vierten Tag. Heinrich fühlt sich betrogen und verlangt nach Klingsor als Schiedsrichter. Die Landgräfin gibt dieser Bitte statt.

Wo und wann ist das *Fürstenlob* entstanden? Ein vermutetes *Ur-Fürstenlob* könnte noch unter Heinrich Raspe und in Thüringen gedichtet worden sein. Das uns in den Handschriften überlieferte Werk der sechziger, siebziger Jahre des 13. Jahrhunderts dürfte hingegen am Hof Markgraf Heinrichs III., des Erlauchten, von Meißen (1218–1288) geschaffen worden sein. Heinrich fungierte nicht nur seit 1247 auch als Landgraf von Thüringen, sondern ist selbst Autor von Minneliedern und ein vielfach – unter anderem vom Tannhäuser – gepriesener Gönner der Dichter seiner Zeit gewesen. Im Lob seines Großvaters – Jutta, die Tochter Hermanns I., war seine Mutter – wird zum einen auch ein wenig Glanz auf den dichtenden Enkel gefallen sein, zum anderen aber noch einmal die ja schon von Walther von der Vogelweide gepriesene Frei-gebigkeit Hermanns I. hervorgehoben und dessen Hof als Musensitz inszeniert.

Das Thema Musik des Mittelalters auf der Wartburg ist freilich um einen weiteren, allerdings für uns kaum greifbaren Aspekt zu erweitern: den der geistlichen Musik. Es ist davon auszu-gehen, dass zu allen Zeiten, von den Anfängen an, geistlicher Gesang erklungen ist. Von dem auf der Wartburg verborgen lebenden Luther wissen wir beispielsweise, dass er Psalmen gesungen oder sich für ein ihm von Nikolaus von Amsdorf zugeschicktes Lied bedankt hat.[7]

3.

Doch zurück zum weltlichen Gesang und der Frage, wie und von wem eigentlich unser Erin-nern an den Hof Hermanns I. und den Sängerkrieg geformt wurde. Die Texte sind für uns vor allem durch die *Manessische* und die *Jenaer Liederhandschrift* (J) erhalten, im Fall von J auch die beiden Melodien. Aber schon diese beiden Handschriften haben sich nicht an die Entste-hungsgeschichte von *Rätselspiel* und *Fürstenlob* gehalten, sondern stellen beide Texte um, sodass ganz folgerichtig der am Ende des *Fürstenlobs* von Heinrich von Ofterdingen verlangte Schieds-richter Klingsor dann im *Rätselspiel* in Eisenach mit Wolfram wetteifern kann. Aber diese Ver-knüpfung begegnet schon früher, nämlich zunächst in der hagiographischen Elisabeth-Literatur und dann in der Landesgeschichtsschreibung.[8] Der wohl erste Beleg dafür ist das *Elisabethleben* (zwischen 1289 und 1297) des Erfurter Dominikaners Dietrich von Apolda (um 1228–um 1300), in dem der Sängerstreit – und das ist neu und folgenreich – mit der Prophezeiung der Geburt der heiligen Elisabeth durch den Ungarn Klingsor verbunden wird. Klingsor, kaum in Eisen-ach angekommen, gerät mit Wolfram in den Rätselstreit. Als er sein Gasthaus bezieht, pro-phezeit er den Umstehenden die Geburt Elisabeths in dieser Nacht. Der Sängerkrieg allerdings, von dem bei Dietrich nicht klar wird, warum er überhaupt stattgefunden hat, bleibt unent-schieden. In einer im Hessischen entstandenen Versübersetzung wird Hermann wegen seiner Förderung der Künste gepriesen, dann bekommen die Sänger ihre aus dem *Fürstenlob* be-kannten Namen – bei Dietrich sind sie noch namenlos. Der Rest folgt Dietrich, den nicht ent-schiedenen Streit eingeschlossen, der in der Elisabeth-Hagiographie auch unwichtig ist, weil Klingsor mit der Prophezeiung gewissermaßen seine Aufgabe erfüllt hat. Über weitere Zwi-schenstufen gelangt die Geschichte an den Eisenacher Chronisten Johannes Rothe (1360–1434), der sie viermal, in drei Chroniken und in seinem *Elisabethleben,* aufgreift und zur »großen« Geschichte umformt: Heinrich von Ofterdingen erhält nun eine hervorragende Rolle als bes-ter Sänger, das Geschehen wird explizit auf der Wartburg angesiedelt und der Henker bekommt seinen Namen Stempfel. Noch heute singe man in Eisenach, so Rothe, Lieder, die »krigk von Wartberg« genannt werden. Und am Ende versöhnt Klingsor im *Elisabethleben* die Sänger mit-einander, ohne einen zum Sieger zu erklären. Allerdings: In der Rotheschen *Weltchronik* wird Heinrich dann doch einmal – und nur hier – zum Sieger erklärt. Diese unterschiedlichen Aus-formungen der Geschichte gelangen dann über die Grimm'sche Sagensammlung und Ludwig Bechsteins *Sagenschatz*[10] in die romantische Literatur des frühen 19. Jahrhunderts und an Richard Wagner.

4.

Für Wagner sollte freilich eine andere Geschichte aus dem Bechstein'schen *Sagenschatz* bedeutsamer werden – die vom Tannhäuser (Abb. 4).[11] Er kannte die Tannhäuser-Venus-Ge-schichte bereits aus den Gestaltungen durch Ludwig Tieck und E. T. A. Hoffmann, schätzte diese aber nicht sonderlich. In der *Mitteilung an meine Freunde* von 1851 (und ganz ähnlich in *Mein Leben*) heißt es, dass ihn das Tieck'sche »Gedicht« *Der getreue Eckart und der Tannenhäu-*

ser (in der *Phantasus*-Sammlung) durch »seine mystisch kokette, katholische frivole Tendenz« nicht zur »Teilnahme« gereizt habe.[12] Das habe erst das »Volksbuch« mit »dem schlichten Tannhäuserliede« getan.[13] Aber ein Volksbuch vom Tannhäuser, also eine Prosabearbeitung der Sage aus dem Spätmittelalter, hat es nie gegeben. Gemeint ist vielmehr die Fassung, die Ludwig Bechstein selbst der Sage 1835 gegeben hat. Und das »schlichte« Lied des 16. Jahrhunderts vom Tannhäuser im Venusberg mit seiner vergeblichen Reise nach Rom kannte er aus derselben Quelle. Bechstein druckte es nämlich im Anschluss an die Sage ab. Und noch etwas fand Wagner bei Bechstein vorgeprägt: die Verbindung der Tannhäuser-Erzählung mit der Wartburg, die Bechstein schlicht erfunden und die Wagner fasziniert hat:

Abb. 4: Der Tannhäuser Miniatur im *Codex Manesse* erste Hälfte 14. Jh. Universitätsbibliothek Heidelberg Cod. Pal. germ. 848 fol. 264r

»Es war einmal ein edler Rittersmann aus dem Frankenland, der zu jener schönen Zeit lebte, als der edle Landgraf Hermann von Thüringen an seinem Hof auf der Wartburg so viele Dichter versammelte, die in stolzen Liederwettkämpfen um hohe Preise rangen.«[14]

Und Bechstein treibt seine Mystifikation noch weiter, wenn er den Tannhäuser sich auf den Weg auf die Wartburg machen lässt, wo er allerdings zunächst nicht ankommt, weil er bekanntlich im Hörselberg bei Frau Venus landet: Der Tannhäuser hoffte »noch vor Abends die Wartburg zu erreichen, dahin er wohl auch von dem Landgrafen geladen war, dessen er in einem seiner Lieder mit den Worten gedachte:

> Grave Hermann o we der Zit
> Das der nicht wart gekroenet,
> Des mus ich in von schulden klagen
> Got gebe im dort zu lone
> Nach seiner würde muze er tragen
> Im Himelrich die krone.«

Die Verse stammen tatsächlich vom Tannhäuser (6. Leich, VV. 112–117), also dem Dichter des mittleren 13. Jahrhunderts, der, soweit wir wissen, nie auf der Wartburg war, und mit ihnen ist auch keineswegs Hermann I. von Thüringen, sondern Hermann I. von Henneberg (1245–1290) gemeint, der für die deutsche Reichskrone vorgeschlagen worden war. Als Wagner dann noch die 1838 erschienene Abhandlung *Ueber den Krieg von Wartburg* eines Königsberger Gelehrten namens Christian Theodor Ludwig Lucas (1796–1854) in die Hände fiel, in der dieser in etwas verschwommener Art und Weise den Tannhäuser mit Heinrich von Ofterdingen gleichsetzte, waren die Hauptzüge der Oper beieinander.[15] Äußerst geschickt hat Wagner den, wie er sagt, »heimischen« Stoff (um-)arrangiert: Als der Tannhäuser aus dem Venusberg kommt, liegt bereits ein Sängerstreit hinter ihm, worauf Wolfram, Biterolf und der Landgraf im 1. Aufzug / 4. Auftritt der Oper hinweisen, aber auch das Rätsellösen, auf das der Landgraf im 2. Aufzug / 4. Auftritt anspielt: »Gar viel und schön ward hier in dieser Halle / von euch, ihr lieben Sänger, schon gesungen; / in weisen Rätseln wie in heitren Liedern / erfreuet ihr gleich sinnig unser Herz.« Und am Ende ist es zwar nicht die Landgräfin, die den Verlierer Tannhäuser, der an die Stelle des Verlierers Heinrich von Ofterdingen getreten ist, vor dem Zorn der anderen Sänger rettet, wohl aber die – unverheiratete – Nichte des Landgrafen. In Wagners Lebens- und Liebesdrama sollte ja am Ende eine Vereinigung stehen, wenn auch erst im Tod.

5.

Bekanntlich wollte Wagner nach dem *Tannhäuser* eine komische Oper, nämlich *Die Meistersinger von Nürnberg*, schreiben, wozu es zunächst aber nicht kam. Warum? Gehen wir noch einmal in das 13. Jahrhundert zurück. In der zweiten Hälfte des Jahrhunderts hat ein gewisser Nouhuwius den Lohengrin-Stoff, die Geschichte also von Parzivals Sohn, der von der Gralsburg zur Hilfe für Elsa von Brabant gerufen wird, aufgegriffen. Und er dichtet seinen Roman in Strophen – und zwar in der Form des *Rätselspiels*, also im ›Schwarzen Ton‹, einer zehnzeiligen, sangbaren Kanzonenstrophe. Und nicht nur dies: Er schickte seinem Werk einige Strophen aus dem alten *Rätselspiel* voran, in denen Wolfram mit Klingsor Rätsel lösend wetteifert; als diese damit fertig sind, fordert der anwesende Landgraf Wolfram auf, jetzt die Geschichte vorzusingen(!) »wie Lohengrîn […] wart ûz gesant«. Man versammelt sich jetzt um Wolfram, der nun die im *Parzival* allenfalls angedeutete Geschichte von Lohengrin ausführlich in 768 Strophen vorsingt, und zwar im Palas und vor dem ganzen Hof: »Diu lantgraevîn quam ouch aldar / ze Wartberc

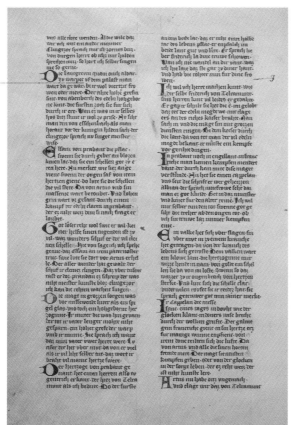

ûf den palas. man wart dâ gewar / bî ir wol vierzic vrouwen oder mêre.«[16] In der Konzeption dieser Dichtung ist also der *Lohengrin* bereits im 13. Jahrhundert auf der Wartburg vorgesungen worden (Abb. 5). Richard Wagner kannte die Dichtung bereits aus einer Edition von 1813, ohne dass sie einen großen Eindruck auf ihn gemacht hatte. Aber er sollte ihr wiederbegegnen und zwar in jener mit so viel Interesse gelesenen Abhandlung von Lucas.[17] Dieser erzählt nämlich den mittelalterlichen *Lohengrin* nach und versteht ihn dabei ausdrücklich als dritten »Theil des Krieges von Wartburg«. Auch wenn Lucas die literarhistorischen Verhältnisse der Entstehung des Epos einigermaßen korrekt überschaut, ist eine gewisse Phantasie bei der Konstruktion von Zusammenhängen nicht zu übersehen: »Wenigstens wird man aber nicht bestreiten können, das die Erzählung vom Lohengrin zur Verherrlichung des Thüringer Landgrafen und seines Geschlechts gewählt worden ist und auch durch diese Beziehung in den Cyclus des Krieges von

Wartburg gehört«.[18] Der *Lohengrin* also als Fortsetzung des *Wartburgkrieges* – jedenfalls für den Dichter des 13. Jahrhunderts und den phantasievollen Ausleger des 19. Jahrhunderts. Und für Wagner? Wagner wäre nun nicht Wagner, wenn ihm nicht ein »geheimes Band« den Weg vom *Tannhäuser* zum *Lohengrin* gewiesen hätte: Das Verbindende ist, so Wagner, »das Weib, das dem ›Tannhäuser‹ aus den Wollusthöhlen des Venusberges als Himmelsstern den Weg nach oben wies, und das nun aus sonniger Höhe Lohengrin hinab an die wärmende Brust der Erde zog«.[19] Lohengrin begibt sich des Heiligen, um als Mensch geliebt zu werden; Tannhäuser will dem Verdorbensein entfliehen, um für Elisabeth sich zu »erhöhen«. Auf eine geradezu geniale Weise sind so die literarischen Fiktionen mittelalterlicher Dichtungen den Erfordernissen der Wagner'schen Bühnenwirklichkeit angepasst worden.

Mit großem Recht und großem Erfolg wird der *Tannhäuser* mehrfach im Jahr auf der Burg aufgeführt, ist doch der Wagner'sche Tannhäuser aus dem Venusberg zum Sängerstreit heraufgestiegen. Aber immerhin ist auch die Geschichte von Lohengrin im 13. Jahrhundert im Palas von Wolfram bereits vorgesungen worden – so jedenfalls die literarische Konstruktion der *Lohengrin*-Dichtung. Vielleicht nicht das einzige und letzte Mal?

1 Thomas Biller: Der Wartburg-Palas. In: Dieter Blume, Matthias Werner (Hrsg.): Elisabeth von Thüringen. Eine europäische Heilige. Katalog. Petersberg 2007, S. 94–98, hier S. 96. Vgl. auch Jens Haustein: Eisenach mit der Wartburg und der Neuenburg. In: Martin Schubert (Hrsg.): Schreiborte des deutschen Mittelalters. Skriptorien – Werke – Mäzene. Berlin/Boston 2013, S. 105–118, hier S. 105f. mit Anm. 4.
2 Vgl. dazu ausführlicher und mit Literatur Haustein, Eisenach 2013 (wie Anm. 1), S. 109f.
3 Walther von der Vogelweide: Leich, Lieder, Sangsprüche. 14., völlig neubearbeitete Auflage […]. Hrsg. von Christoph Cormeau. Berlin/New York 1996, S. 38 (Wa 20,4). »Wer krank an den Ohren ist, der, das ist mein Ratschlag, meide den Thüringer Hof, denn wenn er dorthin kommt, wird er ganz sinnenkrank. Ich habe dort herumgedrängelt, bis ich nicht mehr konnte. Eine Schar reitet aus, die andere herein, Tag und Nacht. Es ist ganz erstaunlich, dass man dort überhaupt noch etwas hören kann. Der Landgraf ist so gelaunt, dass er mit seinen stolzen Helden, von denen jeder ein guter Kämpfer wäre, sein Hab und Gut vertut. Mir ist seine Art und Weise, Hof zu halten, gut bekannt: Selbst wenn ein Fuder guten Weins tausend Pfund kosten würde, stünde niemals der Becher eines Ritters leer« (Übersetzung J. H.). Diese Kritik wird in Wa 103,29 wieder aufgegriffen.
4 Walther von der Vogelweide (wie Anm. 3), S. 67 (Wa 37,7). »Ich bin im Gefolge des großzügigen Landgrafen. Es ist meine Gewohnheit, dass man mich immer bei den Edelsten findet. Die anderen Fürsten sind (auch) sehr spendabel, aber eben darin nicht beständig – er hingegen war es schon früher und ist es noch. Daher kann er sich in dieser Hinsicht auch besser verhalten. Er ist nicht launisch. Wer heute angibt und nächstes Jahr so geizig wie früher ist, dessen Lob grünt und welkt wie der Klee. Die Blume Thüringens leuchtet durch den Schnee hindurch, im Sommer wie im Winter blüht sein Lob wie in den ersten Jahren« (Übersetzung J. H.).
5 Vgl. Haustein, Eisenach 2013 (wie Anm. 1), S. 108f. mit weiterer Literatur.
6 Zum Folgenden vgl. ausführlicher Jens Haustein: Rätselraten und Wettsingen im »Wartburgkrieg« des 13. Jahrhunderts. In: Jutta Krauss (Hrsg.): Wie der Tannhäuser zum Sängerkrieg kam […]. Regensburg 2013, S. 8–24.
7 Vgl. Martin Luther: Briefe von der Wartburg 1521/1522. Aus dem Lateinischen übersetzt und eingeleitet durch Herbert von Hintzenstern. Eisenach 1984, S. 29, 31 und 89.
8 Vgl. Jens Haustein: Bruch, Lücke, Klitterung. Zur paradigmatisch organisierten Erinnerung an den ›Sängerkrieg‹ in der thüringischen Elisabeth-Hagiographie und Landesgeschichtsschreibung. In: Nikolaus Immer, Cordula Kropik (Hrsg.): Sängerliebe – Sängerkrieg. Lyrische Narrative im ästhetischen Gedächtnis des Mittelalters und der Neuzeit. Berlin 2019, S. 67–83.
9 Da die Herbeiholung Klingsors erst ein Jahr nach dem Sängerkrieg erfolgte, wird dieser in der Regel in der Chronistik des Spätmittelalters auf 1206 datiert. Im Schwind'schen Fresko der Wartburg fallen allerdings Sängerkrieg und Ankunft Klingsors zeitlich zusammen, so dass der Sängerstreit sich dort 1207 ereignet hat.
10 Deutsche Sagen. Hrsg. von den Brüdern Grimm. Vollständige Ausgabe nach dem Text der dritten Auflage von 1891. Mit einer Vorrede der Brüder Grimm zur ersten Auflage von 1816 und 1818 und mit einer Vorbemerkung von Herman Grimm. Berlin ³1987, Nr. 561; Ludwig Bechstein: Der Sagenschatz und die Sagenkreise des Thüringerlandes. 1. Teil (Die Sagen von Eisenach und der Wartburg, dem Hörselberg und Reinhardsbrunn). Hildburghausen 1835, S. 41–47.
11 Bechstein, Sagenschatz 1835 (wie Anm. 10), S. 137–145.
12 Richard Wagner: Eine Mitteilung an meine Freunde. In: Ders.: Dichtungen und Schriften. Hrsg. von Dieter Borchmeyer. Bd. 6: Reformschriften 1849–1852. Frankfurt a. M. 1983, S. 199–325, hier S. 242.
13 Ebenda, S. 242.
14 Siehe auch für das folgende Zitat: Bechstein, Sagenschatz 1835 (wie Anm. 10), S. 137.
15 Ausführlicher und mit Literatur Jens Haustein: Der Tannhäuser klopft an Richard Wagners Tür! In: Krauss, Tannhäuser 2013 (wie Anm. 6), S. 32–51.
16 Thomas Cramer: Lohengrin. Edition und Untersuchung. München 1971, VV. 285 und 291–293.
17 Beide Bücher, die Edition des Lohengrin wie die Abhandlung von Lucas, befanden sich in Wagners Dresdner Bibliothek.
18 C. T. L. Lucas: Ueber den Krieg von Wartburg. Königsberg 1838, S. 258.
19 Wagner, Mitteilung 1983 (wie Anm. 12), S. 271.

»Für mich ist es immer wieder ein ganz besonderes Gefühl, hier auf der Wartburg zu spielen, an diesem historischen Ort. Martin Luther hat um die Ecke die Bibel übersetzt, Johann Sebastian Bach ist am Fuße der Wartburg zur Welt gekommen und Richard Wagner wurde von der Wartburg zu seiner romantischen Oper Tannhäuser und der Sängerkrieg auf Wartburg inspiriert.«

OTTO SAUTER, Interview 2019

»Es war traumhaft auf der Wartburg zu spielen, es war für uns eine große Ehre und wir sind dankbar, dass wir beim HipHop meets Minnesang teilnehmen durften. Es ist eine unbeschreibliche Kulisse, die viel Energie in sich trägt und daher der perfekte Austragungsort für so ein Event ist. Die Atmosphäre in einem solchen geschichtsträchtigen Ambiente ist einfach überwältigend.«

MARCO TURKO von 3ST ICH KITE, Interview 2020

»Dich, teure Halle, grüß' ich wieder« — Die Tannhäuseraufführungen auf der Wartburg

Daniel Miksch

Richard Wagners *Tannhäuser* und die Wartburg gehören untrennbar zusammen. Doch was in Bezug auf Entstehungskontext, Rahmenhandlung und Spielort der Oper als sicher gilt, betrifft im Besonderen auch die heutigen Aufführungen. Und so mag es kaum verwundern, dass die Oper gut 175 Jahre nach ihrer Uraufführung 1845 heute auf der Wartburg, die schon Wagner inspirierte, auf einen schier unbeschreiblichen Siegeszug zurückblicken kann.

Was mit ersten Aufführungen zu filmischen Zwecken in den 1960er Jahren begann und mit Sonderkonzerten zu Ehren Richard Wagners und seines Meisterwerkes 1997 und 2000 fortgesetzt wurde, fand spätestens im Jahre 2003 einen festen Platz im Veranstaltungskalender der Wartburg. Die vollständigen konzertanten Aufführungen im Festsaal des Wartburgpalas durch das Thüringer Landestheater unter Eisenachs Operndirektor Dieter Reuscher fanden schnell eine große Resonanz und füllten regelmäßig die Plätze im Festsaal (Abb. 1). Als Erfolgsgarant dafür wirkte neben der starken musikalischen Leitung und den exzellenten Musikerinnen und Musikern im dreißigköpfigen Orchester auch der besondere Spielort, wie ein Kritiker nachher feststellte: »Wagners romantische Oper in drei Aufzügen (1845), konzertant gegeben im Festsaal des Palas der echten Wartburg, vor der *natürlichen* Kulisse dieses Prunkraums mit seinen neomittelalterlichen Fresken und Verzierungen des 19. Jahrhunderts, die so perfekt zu Wagners Musik passen, dass man das Gefühl einer vollkommenen Symbiose von Raum und Musik hat […]«.[1]

2009 gingen die Aufführungen schließlich in die Hände des Meininger Theaters über und in der Regie des Intendanten Ansgar Haag und unter musikalischer Leitung von Hans Urbanek gelangten die nun nicht mehr konzertant, sondern halbszenisch gespielten drei Aufzüge der Oper schnell zu ebensolch großem Erfolg. Kritiker wie Dieter David Scholz lobten neben der »besonderen Aura des Saals« auch »die hohe Qualität der Hofkapelle und Sänger und feierten ausdrücklich Solisten wie den Bariton Dae Hee Shin als Wolfram von Eschenbach und eine phantastische Karen Ferguson in der Rolle der Elisabeth.«[2]

So ist der *Tannhäuser* auf der Wartburg — seit 2011 unter musikalischer Leitung von Philippe Bach als neuem Generalmusikdirektor der Meininger Hofkapelle und des Südthüringischen Staatstheaters Meiningen — zu einer wahren Größe geworden, die ihresgleichen sucht, was Philippe Bach zufolge unter anderem an der direkten Nähe des Publikums zu den Sängern liege (Abb. 2).[3] In der Tat ist die räumliche Situation im Festsaal des Palas im Vergleich zu großen Theater- und Opernbühnen eine besondere. Die knapp 300 Sitzplätze münden direkt an die Empore der Sänger und auch der Raum wird aktiv genutzt, wenn etwa die Aufführenden singend durch die Zuschauerreihen gehen. Dieses Erlebnis kommentierte ein Kritiker 2019 mit den Worten »Auf der Wartburg spürt man die zupackende Musik körperlich«, und betitelte seinen Kommentar herausfordernd mit »Bayreuth kann fast einpacken«.[4] Gestützt wird die mutige These auf jeden Fall durch die überwältigende Resonanz und die große Nachfrage, denn die Sitzplätze im Festsaal sind zu jeder der bis zu acht Veranstaltungen im Jahr bereits wenige Tage nach Verfügbarkeit der Karten ausverkauft, die Wartelisten gut gefüllt.

Seit 2014 werden die klassischen Tannhäuseraufführungen außerdem durch den »Tannhäuser (nicht nur) für Kinder« ergänzt, der an mehreren Terminen im Jahr das junge Publikum in die Welt von Rittern und Minnesängern führt. Der junge Ritter Tannhäuser versucht darin die Gunst der Landgrafentochter Elisabeth zu erwerben und bricht, gelangweilt vom Sangeswettstreit am Thüringer Hof, zu eigenen Abenteuern auf. Die kindgerechte Bearbeitung des Opernstoffes wird durch die Thüringen Philharmonie Gotha-Eisenach unter Leitung von Barbara Wild in Zusammenarbeit mit Stephan Rumphorst alljährlich zu einem spannenden und klangvollen Highlight für Groß und Klein.

1 Pilgerfahrt zu Tannhäuser. »Tannhäuser« konzertant auf der Wartburg, Kritik von Dr. KEVIN CLARKE, 6.6.2008. URL: http://magazin.klassik.com/konzerte/reviews.cfm?task=review&PID=1818 (Stand: 2.10.2008).
2 ANDREAS VOLKERT: »Dich, teure Halle, grüß' ich wieder« – Tannhäuseraufführungen im Festsaal des Palas der Wartburg. In: JUTTA KRAUSS (Hrsg.): Wie der Tannhäuser zum Sängerkrieg kam. Eine Begleitschrift zur Sonderausstellung anlässlich des 200. Geburtstages Richard Wagners – 18. Mai 2013 bis 31. März 2014 auf der Wartburg. Regensburg 2013, S. 146–157, hier S. 154.
3 Siehe das Interview mit PHILIPPE BACH auf S. 147 in diesem Band.
4 BERND KLEMPNOW: Bayreuth kann fast einpacken. In: Sächsische Zeitung, 10.9.2019.

Abb. 2:
Tannhäuser-Aufführung des Meininger Staatstheaters
2. Aufzug – 4. Szene

Nachdem Kravetz & Friends um den Pianisten Jean-Jacques Kravetz schon im Lisztjahr 2011 mit *Lust auf Liszt* unbekannte Wege beschritten hatten, stellten sie sich zwei Jahre später zum Wagner-Jubiläum dem *Wagnis Wagner*. Die Rockband interpretierte dabei Szenen aus Richard Wagners *Tannhäuser und der Sängerkrieg auf Wartburg* vollkommen neu am Originalschauplatz. Der Festsaal wurde dabei in grelle Farben getaucht und mit verschiedenen Projektionen angestrahlt.

Apropos…
… Musiktradition: Was verbindet mittelalterliche mit moderner Musik?

»Das verbindende Element zwischen uns ist auf jeden Fall die Poesie, der kunstvolle Umgang mit gereimten Worten und die Darbietung der lyrischen Werke auf fetten Beats. Die einzelnen Themen unterscheiden sich natürlich hier und da, aber erzählen alle vom Leben in der Hood, der Liebe und zwischenmenschlichen Beziehungen. Weiterhin ähneln sich auch definitiv die gesellschaftskritischen Texte mit klarer politischer Kante, daher an dieser Stelle großen Respekt für den Unmutston von Walther [von der Vogelweide].«

Marco Turko von 3st ich kite, Interview 2020

»Was die Musik aller Epochen verbindet und für uns auch so interessant macht, sind die Motivationen und Emotionen, aus denen heraus sie entsteht. Ich will damit sagen, dass die Dinge, welche die Menschen im Mittelalter angetrieben haben, Musik zu schaffen — Dinge wie Liebe, Natur, aber auch ganz Profanes wie z.B. das Trinken — die Komponisten und Interpreten zum Teil heute noch inspirieren und antreiben. [...] Humor, Trauer, Schmerz, aber auch Freude sind die Emotionen, welche die Musik von damals auch heute noch im Rezipienten auszulösen vermag. Das zumindest ist das, was wir anstreben. Den Menschen als Individuum ein Stück weit mit sich selbst zu konfrontieren. Und wenn das inhaltlich mal nicht gelingt, ihn dann ›wenigstens‹ mit gut klingender Musik zu berühren.«

Amarcord, Interview 2019

»Die Aktualität [des Tannhäusers] besteht sicher darin, dass die Gesellschaft zwar bestrebt ist — gerade wenn es um Geschlechterfragen oder um die Liebe geht — von Idealen wegzukommen. Dennoch aber werden uns von den Medien mehr Ideale präsentiert als je zuvor. Wagners Tannhäuser kann deshalb durchaus auch in der heutigen Zeit immer wieder die Diskussion anstoßen, ob es so etwas wie ein Liebesideal überhaupt gibt, oder ob nicht jeder für sich entscheiden muss, wie und auf welche Weise er die Liebe erleben möchte.«

Philippe Bach, Interview 2019

»Selbstverständlich gibt es eine Kontinuität, eine Geschichte des Liedes. Darauf beziehen sich alle, ob nun bewusst oder unbewusst, die mit der Form des Liedes arbeiten. Ich glaube, dass sich in den Anlässen für Lieder nicht sehr viel geändert hat. In der Poesie geht es um die unbegreifbaren Phänomene des Lebens: die Liebe und der Tod. Das sind die Anlässe zum Formulieren. Wenn politische Begebenheiten in diese Phänomene hineintreiben, werden eben auch diese zu Themen. Das Lied ist eine praktikable Kunstform. Es zielt auf Zuhörer, auf Gemeinschaft. In meinem Schaffen gab es immer historische Bezugspunkte. Ob Walther von der Vogelweide, Franz
34 Schubert, Hanns Eisler… Wenn wir unsere Wurzeln verlieren, werden wir kraftlos.«

Hans-Eckardt Wenzel, Interview 2020

Darstellung des Wolfram von Eschenbach in der Sängerlaube im Sängersaal der Wartburg

35

II »Doch vernehmt's, ihr deutschen Ohren, Burschen hat er sich erkoren« – Gesang als politischer Botschafter beim Wartburgfest der deutschen Studenten 1817

Dorothee Menke

Lieder und Gesang waren wichtige Begleiter und Gestalter des Wartburgfestes der deutschen Studenten, das am 18. und 19. Oktober 1817 auf der Wartburg (Abb. 1) und in Eisenach gefeiert wurde. Auf Initiative der Jenaer Burschenschaft kamen in diesen Tagen rund 500 Studenten von verschiedenen protestantischen Hochschulen aus dem Gebiet des Deutschen Bundes in der Wartburgstadt zusammen. Anlass war das 300. Reformationsjubiläum und der vierte Jahrestag der Leipziger Völkerschlacht. Gleichzeitig begehrten die jungen Männer gegen die mit dem Wiener Kongress festgeschriebene reaktionäre, kleinstaatliche Politik auf, die die nach den Befreiungskriegen aufgekeimte Hoffnung des Bürgertums auf ein geeintes Deutschland zunichte gemacht hatte.[1] Rund um die Feierlichkeiten kam dem gesungenen Wort eine besondere Bedeutung zu; es war Träger einer politischen Botschaft, die teilweise explizit bürgerliche Freiheitsrechte, aber vor allem eine politische Einheit Deutschlands einforderte.

Abb. 1:
Spätestens zu Beginn des 19. Jahrhunderts hatte sich die Wartburg zu einem Sehnsuchtsort für die zunächst vorwiegend von Studenten getragene nationale Bewegung entwickelt. Die Wartburg von Südosten mit zwei Wanderern in altdeutscher Tracht nach Ludwig Richter 1. Hälfte 19. Jahrhundert, kolorierte Radierung, Wartburg-Stiftung, Kunstsammlung Inv.-Nr. G1919

In seinem Einladungsschreiben vom 1. August 1817 hatte Robert Wesselhöft im Namen der Jenaer Burschenschaft die potenziellen Teilnehmer der anderen Universitäten dazu aufgerufen, »[…] diesen Tag in einem Gesange nach einer bekannten Weise zu verherrlichen, und selbigen uns wenigstens 14 Tage vorher einzusenden, damit wir gehörig den Druck besorgen können.«[2] Von den eingeschickten Liedern wurden 16 unter dem Titel *Lieder von Deutschland's Burschen zu singen auf der Wartburg am achtzehnten Oktober des Reformationsjubeljahrs 1817* gedruckt und – neben weiteren eingesendeten Liedern, Reden und Büchern – am Morgen des ersten Festtages an die Studenten verteilt (Abb. 2).[3]

Die mitunter sehr detaillierten Augenzeugenberichte von Teilnehmern informieren über die musikalische Gestaltung und Umrahmung des Wartburgfestes[4] und geben Aufschluss darüber, welche *Lieder von Deutschlands Burschen* und welche anderen Gesangsstücke wann vorgetragen wurden. Schon bei der Ankunft der Studenten aus Jena am Vortag des Festes machten diese durch vernehmliches Singen auf sich aufmerksam, wie Friedrich Frommann, späterer Verleger und Mitglied der Urburschenschaft aus Jena, beschreibt:

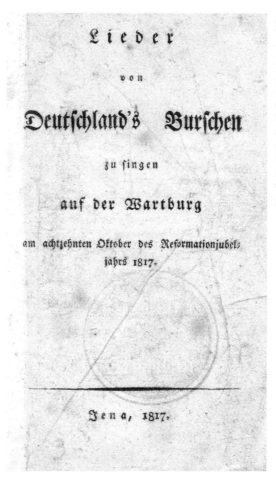

»Da zog ein fröhlicher Haufe von einigen dreißig Jenaern unter beständigem Gesang über die bethauten Wiesen des Hörselthals daher, begrüßte mit Jauchzen und Hurrah die Wartburg beim ersten Erblicken, und zog in Eisenach in dichtem, die ganze Straße füllenden Zuge mit: ›Was ist des Deutschen Vaterland‹ ein.«[5]

Das in Studentenkreisen sehr beliebte patriotische Lied aus der Feder von Ernst Moritz Arndt fehlt in der Kompilation für das Wartburgfest.[6] Es beantwortet die in den Strophen gestellten rhetorischen Fragen, welche Regionen als Vaterland in Betracht kämen, wie etwa »Ist's Preußenland? Ist's Sachsenland?«, am Ende plakativ mit den Worten »Das ganze Deutschland muß es sein!«. Dabei kommt der deutschen Sprache eine Kernrolle zur Definition der ersehnten Nation zu, wenn es heißt: »So weit die deutsche Zunge klingt / und Gott im Himmel Lieder singt / Das muß es seyn / Das wackrer Deutscher, nenne dein!«[7] Auch am Abend des 17. Oktober war das gesellige Beisammensein der angereisten Studenten, die größtenteils von Eisenacher Bürgern beherbergt wurden, von Gesang geprägt:

»Der Abend vereinigte alle auf dem Marktplatz, und in großen Reihen zogen sie hier auf und ab, Arm in Arm geschlungen, und sangen bei feierlicher Stille vaterländische Lieder, bis tief in die Nacht hinein, so daß alles ringsum erschallte.«[8]

Abb. 3:
Am ersten Festtag
zogen die Studen-
ten feierlich vom
Eisenacher Markt-
platz auf die Burg.
Zug der Burschen
auf die Wartburg
am 18.10.1817
Johann Heinrich
Hose, nach 1817
Stahlstich
Wartburg-Stiftung
Kunstsammlung
Inv.-Nr. G2693

die Burschenfahrt auf die Wartburg am 18ten Octobr 1817

Am Morgen des 18. Oktober begann um 8 Uhr unter Glockengeläut und reger (An-)Teilnahme der Eisenacher Bevölkerung vom Marktplatz aus der Zug der etwa 500 Studenten auf die Wartburg (Abb. 3). Zuvor hatten die Studenten, die mehrheitlich den deutschen Rock trugen und sich Eichenlaub an die Mützen geheftet hatten, die eingeschickten Lieder und Reden erhalten.[9]

Nach der Versammlung im Burghof fanden sich die Teilnehmer im damals meist als Rittersaal firmierenden, mit Eichenlaub geschmückten Festsaal ein.[10] Das bezeichnenderweise als erstes in *Lieder von Deutschlands Burschen* verzeichnete *Ein feste Burg ist unser Gott* durfte zu dem Anlass und an diesem Ort nicht fehlen. Die Beschreibungen überliefern, dass es bei der Versammlung im Festsaal, bei der »auch an die 300 Bürger aus der Stadt Eisenach und viele Frauen zugegen«[11] waren, als erste Amtshandlung angestimmt wurde:

> »Da erschallte plötzlich eine ernste feierliche Musik und ein religiöser Gesang dazwischen, in den jeder aus voller Seele mit einstimmte. Es war Luthers: Eine feste Burg ist unser Gott!«[12]

In den folgenden Reden wurde die Bedeutung Martin Luthers als Befreier des Geistes und Vorreiter für die deutsche Sache gerühmt. Als von Luther auserwählte Vollstrecker seiner Taten werden die Studenten in den eingangs zitierten Versen des Liedes *Setzt euch Brüder in die Runde* aus *Lieder von Deutschlands Burschen* stilisiert (»Doch vernehmt's, ihr deutschen Ohren, / Burschen hat er sich erkoren / zu vollenden solche That«[13]). Zum Abschluss des ersten Festteils erklang der Choral *Nun danket alle Gott*. Die Liedauswahl in diesem Festabschnitt war mit zwei protestantischen Kirchenliedern also ganz auf den Anlass des Reformationsgedenkens zugeschnitten.

Danach hatten die Studenten bis zum Mittagessen Zeit zur freien Verfügung, die viele für die Besichtigung der Räumlichkeiten, vor allem der Lutherstube, nutzten.[14] Viele der Teilnehmer kamen auch auf dem Burghof zusammen, um zu diskutieren und zu singen: »Andere, eine große Zahl sammelten sich in einen Kreis, gesellige Lieder anstimmend, die zu diesem Behufe unter dem Titel: ‚Lieder auf der Wartburg zu singen‘, besonders gedruckt und vertheilt waren«.[15] In den Augenzeugenberichten werden zwei Beispiele der auf dem Burghof gesungenen Lieder genannt: Das *Bundeslied* und *Die Burschenfahrt nach der Wartburg am 18. Oktober 1817*, wobei letzteres laut Angaben Frommanns gleich zweimal hintereinander auf dem Burghof erklang.[16] Der Autor des *Bundesliedes*, Ernst Moritz Arndt, auch Verfasser von *Was ist des Deutschen Vaterland*, genoss großes Ansehen in der Burschenschaft. Viele seiner Gedichte aus der Zeit der Befreiungskriege wurden in studentische Kommers- und Liederbücher aufgenommen.[17] Das *Bundeslied* weist mit seinen ersten Zeilen »Sind wir vereint zur guten Stunde, / Wir starker Deutscher Männerchor: / So dringt aus jedem frohen Munde / Die Seele zum Gebet hervor« auf die große einende Wirkung, die der Musik und dem gemeinsamen Singen beigemessen wurde, hin. Das mitunter betont kämpferische Lied ist an erster Stelle Gott, an zweiter dem deutschen Vaterland, an dritter der Freiheit und an vierter der deutschen Treue und dem deutschen Glauben gewidmet. *Burschenfahrt nach der Wartburg* war nicht in *Lieder von Deutschlands Burschen* enthalten, sondern für das Fest gesondert gedruckt und an die Teilnehmer ausgegeben worden.[18] Verfasser war der spätere Hofrat Friedrich Förster. Das Lied beginnt mit den Worten: »Frisch auf! frisch auf zur Burschenfahrt / Ihr Jungen und ihr Alten, / Wir wollen hier nach unsrer Art / Den großen Festtag halten«, woran sich mehrere Lebehochs zunächst auf Luther, dann auf den »wackre[n] Protestant[en]«, auf Großherzog Carl August und zuletzt auf die lebenden und toten Freiheitshelden anschließen. Auffällig ist – im Gegensatz zu den meisten der *Lieder von Deutschlands Burschen* – die Nutzung von spezieller Studentensprache in den letzten beiden Strophen. Die Begriffe Bursch, Magnificum und Pereat dienen, auch weil sie teilweise aus dem Lateinischen entlehnt sind, als gruppenspezifische Wörter.[19]

Um 12 Uhr wurde mit Trompetenklang zum gemeinsamen Mittagessen in den Festsaal gerufen. Maßmann berichtet: »Gesang, des Gelages bester Gesell, blieb nicht aus; besonders ward gesungen das Bundeslied von E. M. Arndt (»Sind wir vereint zur guten Stunde«).«[20] Das Mahl im Festsaal wurde neben Gesängen auch von zahlreichen Trinksprüchen begleitet. Währenddessen wurde auch ein Lied von Rudolf Brandes, Student der Pharmazie und Chemie in Erfurt, verteilt.[21] Die Aussage wird in der letzten Strophe auf den Punkt gebracht: »Und der Luthersmann soll leben, / Der den Morgen uns errang! – / Höher ist der Freiheit Streben, / höher als das ird'sche Leben, / Wem es hell zum Herzen drang.«

Nach dem Mittagessen zogen die Burschen wieder nach Eisenach, um einem Gottesdienst beizuwohnen. Im Anschluss versammelten sie sich auf dem Marktplatz, wo vor einheimischem Publikum eine Turnvorführung dargeboten wurde. Auch hier wurden Lieder angestimmt:

> »Nach dem Turnspiel bildeten die Studenten einen Kreis und sangen ihre Vaterlandslieder bis in den Abend hinein. Diese Lieder waren die Ergießungen von begeisterten jungen Männern von allen Universitäten und in Jena zusammen gedruckt worden […]. Manches schöne Lied ward hier begeistert fromm von den Jünglingen gesungen […]«.[22]

Dazu gehörte laut Aussage Hoffmanns *Der Burschenbund* von Carl Heiberg. Die erste Strophe beginnt mit der Metapher eines Sonnenaufgangs und sich lichtendem Nebel für eine neu anbrechende Zeit: »Es glüht dort im Osten der Sonnenschein, / Die Nebel der Nächte entwal-

8

Das Wort, das unfern Bund geschürzet,
Das Heil, das uns kein Teufel raubt,
Und kein Tyrannentrug uns kürzet,
Das sey gehalten und geglaubt!

4.

Der Burschenbund.

(Weise: Lützow's wilde Jagd ꝛc.)

Es glüht dort im Osten der Sonnenschein,
Die Nebel der Nächte entwallen,
Es ziehet in singenden Feierreih'n
Der Jugend freudiger großer Verein
Nach der Wartburg heiligen Hallen!
Und es tönt der ernsten Wanderer Mund:
Das ist Deutscher Burschen geheiligter Bund!

Hier eint sich der Ost und Westen zum Bund!
Hier eint sich der Süden und Norden!
Kaum dämmert des Frühlichts goldene Stund',
Da betet des Bundes heiliger Mund,
Tief knieend in stillen Accorden.
Und es tönt der frommen Betenden Mund:
Das ist Deutscher Burschen geheiligter Bund!

9

Daß die Nebel entwallten, das Leben erwacht!
Die Geisterwelt himmlisch ertagte,
Daß Luther verbrannte die sklavische Nacht, —
Vor dreißig Decennien ward es vollbracht, —
Daß er sich dem Pabste entsagte,
Das preist nun begeistert in heiliger Stund',
Deutschlands Burschen geheiligter, freudiger Bund!

So ward denn errungen dem Geiste das Licht
Wohl Tausend und Tausende bluten! —
Nun stürzet die Freiheit! der Würger bricht
Nun über den Rhein, und Eisen umficht
Das Vaterland, um zu verbluten!
Doch dämmert verborgen der Freiheit Stund'
Das war Deutschlands Tugend vereinigter Bund!

Da donnert bei Leipzig die Völkerschlacht!
Es rangen die Völker wie Fluthen!
Da prangte der Deutsche in siegender Pracht,
Und die Morgenröthe der Freiheit erwacht
Am Himmel in blutigen Gluthen!
Wer dieß heut preiset mit Herz und Mund,
Das ist Deutscher Burschen geheiligter Bund!

Drum kreiset in goldenen Fluthen der Wein,
O reichet die Spende den Manen!
Ein trauliches Du umschling' den Verein,
Es töne der Barden Gesänge darein
Von den herrlichen Thaten der Ahnen.

len, / Es ziehen in singenden Feierreih'n / Der Jugend freudiger großer Verein / nach der Wart-burg heiligen Hallen! / Und es tönt der ernsten Wanderer Mund: / Das ist Deutscher Burschen geheiligter Bund!«. Die letzte Strophe resümiert das Fest, sein Anliegen und seinen erhofften Nachhall: »So haben die Söhne der Wissenschaft / Vereinigt die Feier begangen! / So ist mit der Freiheit die Einheit erwacht, / so ist mit der Einheit erschaffen die Kraft, / und nimmermehr dürfen wir bangen! / Und es töne von Enkel zu Enkel der Mund: Das war Deutscher Burschen geheiligter Bund!« (Abb. 4).

Für den Abend war um 18 Uhr ein Fackelzug auf den Wartenberg mit anschließendem Freudenfeuer angesetzt, für das Großherzog Carl August höchstselbst das Holz hatte bereitstellen lassen. Nach der Ankunft wurde der von Ludwig Rödiger gedichtete *Gesang am Feuer* aus *Lie-der von Deutschlands Burschen* angestimmt, dessen erste Zeilen folgendermaßen lauten: »Des Volkes Sehnsucht flammt / Von allen Deutschen Höh'n / Zum Himmel auf, / Und mit den Vätern stehn / Vor dir die Jünglinge / Betend mit Herz und Mund / O Gott, o Gott.« Nach einer im wahrsten Sinne flammenden Rede Rödigers fielen diesem Feuer bei einer symbolischen Bücher-verbrennung, die nicht Bestandteil des offiziellen Festprogramms war, unter Berufung auf Luthers Autodafé der Bannandrohungsbulle einige Schriften mutmaßlich »undeutscher Ge-sinnungen«[23] zum Opfer (Abb. 5).[24] Dazu ertönte die letzte Strophe der *Burschenfahrt nach der Wartburg*: »Zuletzt nun rufet Pereat[25]/ Den schuft'gen Schmalzgesellen! / Und dreimal Pere – Pereat! / So fahren sie zur Höllen! / Auf! auf! mein deutsches Vaterland, / Ihr Brüder reichet euch die Hand / Und schwört: so woll'n wir's halten«.[26] Bis Mitternacht wurde noch gesungen und geredet, danach kehrten die Teilnehmer in die Stadt zurück.

Über gesungene Lieder am zweiten Festtag, dem 19. Oktober, schweigen die Quellen sich überraschenderweise aus. Da die morgendliche Versammlung im Festsaal der Wartburg eine interne, rein studentische Veranstaltung war, hatte das Fest an diesem Tag im Gegensatz zum Vortag weniger den Charakter eines öffentlichkeitswirksamen Volksfestes. Ob die fehlende gesangliche Untermalung am 19. Oktober den Tatsachen entsprochen hat, muss dahingestellt bleiben. Es darf aber zumindest angenommen werden, dass das Lied als Träger einer politischen Botschaft aufgrund eingeschränkter Teilhabe der lokalen Bevölkerung, die als Adressatin fungierte, an diesem Tag eine untergeordnete Rolle spielte.

Zusammenfassend lässt sich den Berichten hinsichtlich der vorgetragenen Lieder entnehmen, dass diese zum großen Teil der Kompilation *Lieder von Deutschlands Burschen* entstammten, daneben wurden auch auf Eigeninitiative einzelner Studenten gedruckte Lieder zum Besten gegeben. Es waren also weit überwiegend für den konkreten Anlass von den Studenten selbst verfasste Gedichte, die nach bekannten Melodien gesungen wurden und so teilweise die Grundlage für eine neue Liedtradition legten. Außerdem kamen bekannte patriotische Dichtungen und, dem Anlass des Reformationsjubiläums geschuldet, auch zwei Kirchenlieder zu Gehör. Der spezielle Charakter des Festes offenbart sich in der Liedauswahl: Während Trinklieder, sonst häufig im studentischen Repertoire vertreten, gänzlich fehlen, dominieren vaterländische Lieder. Vermutlich stand dabei die Intention im Vordergrund, mit den politischen Forderungen ernst genommen zu werden. Die Zusammenstellung der 16 *Lieder von Deutschlands Burschen* zeugt von der Hoffnung auf eine bessere Zukunft und strotzt dabei nur so von patriotischen und religiösen Schlagworten. Es »Verwoben sich hier Nationalismus und Christentum zu einer Nationalreligiösität, erhielten die Nation und das Deutsche quasireligiöse Qualität […]«.[27] Der mit der »Aura eines Nationalheiligtums«[28] versehene Gesang wirkte sinn- und identitätsstiftend und galt für die Verbreitung dieser Ideen als ideales Medium.

DIE WARTBURGSFEYER.

Abb. 5:
Die Bücherverbrennung beim Wartburgfest 1817
Wenzel Pobuda
Mitte 19. Jahrhundert, Stahlstich
Wartburg-Stiftung
Kunstsammlung
Inv.-Nr. G0407

1 Zum Wartburgfest siehe exemplarisch: GÜNTER STEIGER: Urburschenschaft und Wartburgfest. Aufbruch nach Deutschland. Leipzig/Jena/Berlin ²1991; JUTTA KRAUSS: Das Wartburgfest der deutschen Burschenschaft. Regensburg 2011; JOACHIM BAUER, STEFAN GERBER, CHRISTOPHER SPEHR (Hrsg.): Das Wartburgfest von 1817 als europäisches Ereignis (Quellen und Beiträge zur Geschichte der Universität Jena 15). Stuttgart 2020.

2 Zitiert nach: HUGO KÜHN: Das Wartburgfest am 18. Oktober 1817. Zeitgenössische Darstellungen und Urkunden. Weimar 1913, S. 11–13, hier S. 12.

3 Lieder von Deutschland's Burschen zu singen auf der Wartburg am achtzehnten Oktober des Reformationsjubeljahrs 1817. Jena 1817. Im Folgenden zitiert als *Lieder von Deutschlands Burschen*; siehe dazu auch: HANS FERDINAND MASSMANN: Das Wartburgfest am 18. Oktober 1817. Kurze und wahrhaftige Beschreibung des großen Burschenfestes auf der Wartburg bei Eisenach, hrsg. von RAIMUND STEINERT. Leipzig [1917], S. 32–34. Zu den wichtigen musikalischen Gestaltern des Festes gehörte auch August Daniel von Binzer. Sein Lied *Setzt euch Brüder in die Runde* findet sich in *Lieder von Deutschlands Burschen*. Zu Binzer siehe: JOACHIM BAUER, THOMAS PESTER: *Wir hatten gebauet ein stattliches Haus…* August Daniel von Binzer – Sänger und Anwalt der Urburschenschaft (1817–1820). Wartburg-Jahrbuch 2017, 26 (2018), S. 81–112.

4 Siehe hier und im Folgenden: MASSMANN/STEINERT, Wartburgfest 1917 (wie Anm. 3); DIETRICH GEORG KIESER: Das Wartburgfest am 18. October 1817 in seiner Entstehung, Ausführung und Folgen. Jena 1818; [FRIEDRICH FROMMANN]: Das Burschenfest auf der Wartburg am 18ten und 19ten October 1817. Jena 1818; [KARL HOFFMEISTER]: Beschreibung des Festes auf der Wartburg. Ein Sendschreiben an die Gutgesinnten. [Essen] 1818.

5 FROMMANN, Burschenfest 1818 (wie Anm. 4), S. 7.

6 Eingang fand es jedoch z. B. in die erste Sammlung deutscher Burschenlieder von 1817: Deutsche Burschenlieder mit vierstimmig gesetzten Weisen. Erste Sammlung. Jena 1817. Im Gegensatz zu den Jenaer Burschen gaben die Kieler Studenten bei ihrem Eintreffen in Eisenach Luthers *Ein feste Burg* zum Besten, das »wesentlich unverfänglicher […]« war: BAUER/PESTER, Binzer 2018 (wie Anm. 3). Vielleicht stand beim Auslassen in der Druckfassung für die Wartburgfeier die Intention im Vordergrund, nicht von vornherein zu viel Aufsehen zu erregen.

7 Zitiert nach: Deutsche Burschenlieder 1817 (wie Anm. 6), S. 8. Siehe dazu auch HARALD LÖNNECKER: »So weit die deutsche Zunge klingt…« Burschenschaft und deutsche Sprache 1815–1935. URL: http://www.burschenschaftsgeschichte.de/pdf/loennecker_deutsche_sprache.pdf (Stand: 17.3.2020) sowie: Auf den Spuren der musikalischen Volkskultur in Thüringen. Teil III: Eisenach, Weimar, Tautenhain usw., bearb. von PETER FAUSER u.a. München/Erfurt 2018, S. 59.

8 HOFFMEISTER, Sendschreiben 1818 (wie Anm. 4), S. 4.

9 Vgl. die Beschreibungen bei MASSMANN/STEINERT, Wartburgfest 1917 (wie Anm. 3), S. 35f.; KIESER, Wartburgfest 1818 (wie Anm. 4), S. 22f.; FROMMANN, Burschenfest 1818 (wie Anm. 4), S. 9f.; HOFFMEISTER, Sendschreiben 1818 (wie Anm. 4), S. 7f.

10 Besonders aufschlussreich hinsichtlich des damaligen Zustands des Saals ist die Beschreibung bei KIESER, Wartburgfest 1818 (wie Anm. 4), S. 24.

11 HOFFMEISTER, Sendschreiben 1818 (wie Anm. 4), S. 8.

12 Ebenda, S. 9.

13 Dritte und vierte Zeile der vierten Strophe des von Daniel August von Binzer gedichteten Liedes *Setzt euch Brüder in die Runde,* abgedruckt in *Lieder von Deutschlands Burschen*, S. 19.

14 Hoffmeister beschreibt die Besichtigung als erhebende Begegnung mit der Geschichte: »Sie durchirrten und besahen diesen heiligen Ort, wo Luther dachte und wirkte – der ihnen doppelt heilig war, da sie alles mit diesem frommen Gefühl auffaßten. Man suchte sich die Vergangenheit zurückzurufen bis zu den einzelnen Zügen; jeder Stein ward ein Redner aus der Vorzeit, jeder Gang, jede Stube ein Heiligthum«, HOFFMEISTER, Sendschreiben 1818 (wie Anm. 4), S. 15f.

15 KIESER, Wartburgfest 1818 (wie Anm. 4), S. 27.

16 HOFFMEISTER, Sendschreiben 1818 (wie Anm. 4), S. 16; FROMMANN, Burschenfest 1818 (wie Anm. 4), S. 24. Das letztgenannte Lied im Folgenden zitiert als *Burschenfahrt nach der Wartburg*.

17 Siehe dazu THOMAS JERGER: Ernst Moritz Arndt: Zum 250. Geburtstag. Norderstedt 2019, S. 113–118.

18 Siehe MASSMANN/STEINERT, Wartburgfest 1917 (wie Anm. 3), S. 32; eine Liste der eingeschickten gedruckten Schriften findet sich auch bei HOFFMEISTER, Sendschreiben 1818 (wie Anm. 4), S. 7.

19 Siehe hierzu das Kapitel über das Studentenlied. In: GEORG OBJARTEL: Sprache und Lebensform deutscher Studenten. Aufsätze und Dokumente (Studia Linguistica Germanica 123). Berlin/Boston 2016, S. 37–102.

20 MASSMANN/STEINERT, Wartburgfest 1917 (wie Anm. 3), S. 38f.

21 Ebenda, S. 32; RUDOLF BRANDES: Meinen deutschen Brüdern zur Erinnerung an die dreihundertjährige Jubelfeier der Reformation auf der Wart(Luthers)burg zu Eisenach. 1817.

22 HOFFMEISTER, Sendschreiben 1818 (wie Anm. 4), S. 19.

23 KIESER, Wartburgfest 1818 (wie Anm. 4), S. 36.

24 Es handelte sich nicht um reale Bücher, sondern um beschriftetes Makulaturpapier aus einer Eisenacher Buchhandlung, das zusammen mit Symbolen der kleinstaatlichen Obrigkeit den Flammen übergeben wurde. Zur historischen Einordnung der Bücherverbrennung siehe STEIGER, Urburschenschaft 1991 (wie Anm. 1), S. 122–129.

25 Der Ausdruck kann mit »nieder mit ihm« übersetzt werden, vom Lateinischen *perire* (zugrunde gehen).

26 Vgl. MASSMANN/STEINERT, Wartburgfest 1917 (wie Anm. 3), S. 46; HOFFMEISTER, Sendschreiben 1818 (wie Anm. 4), S. 15.

27 HARALD LÖNNECKER: »Unzufriedenheit mit den bestehenden Regierungen unter dem Volke zu verbreiten«. Politische Lieder der Burschenschaften aus der Zeit zwischen 1820 und 1850. In: Lied und populäre Kultur/Song and Popular Culture. Jahrbuch des deutschen Volksliedarchivs Freiburg 2003, 48 (2004), S. 85–131, hier S. 91.

28 Ebenda, S. 90.

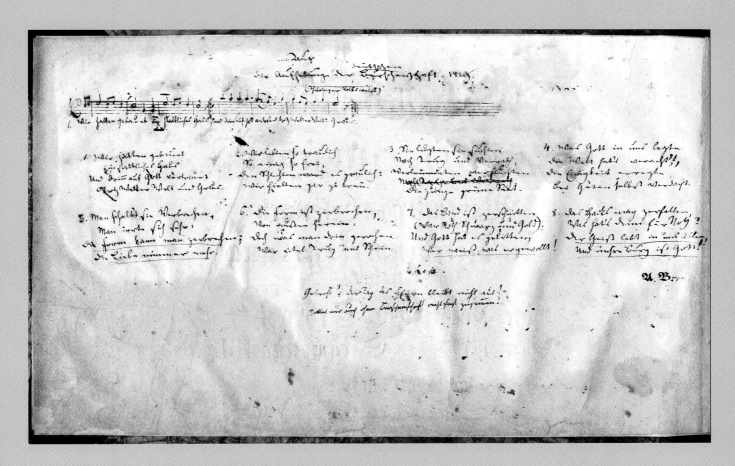

Stammbuch aller Burschen, die auf der Wartburg bei Eisenach
die Kirchenverbesserung durch Luther und die Leipziger Schlacht
am 18ten des Siegmonds 1817 gefeiert haben.
Wartburg-Stiftung, Archiv, Stammbuch Nr. 40

Gut zwei Jahre nach dem Wartburgfest, das viele Teilnehmer mit der Hoffnung
auf den Anbruch einer neuen Zeit verbunden hatten, schrieb Daniel August von
Binzer auf der Wartburg ein von ihm gedichtetes Lied auf die Rückseite des Ti-
telblatts des *Stammbuchs aller Burschen*. Der »Grabgesang« auf die Aufhebung der
Deutschen Burschenschaft infolge der Karlsbader Beschlüsse 1819 zeugt eindrücklich von den enttäuschten nationalen Hoffnungen, beschwört aber auch das
Überdauern der damaligen Ideale. Und tatsächlich lebte der nationale »Geist«
im weiteren Verlauf des 19. Jahrhunderts vor allem im Männerchorgesang fort.

»Deutsches Lied verkünde deutschen Sinn« – Das 5. Liederfest des Thüringer Sängerbundes 1847 in Eisenach und auf der Wartburg

Dorothee Menke

»Dich Wartburg, haben sich zum Thron erkoren
Die deutsche Poesie, das deutsche Lied;
Hier blieben sie gefeit und unverloren,
Ob ein Jahrhundert kam, ein anderes schied.
Die Minnesänger haben hier gesungen
Im Schutz der Fürsten Ihren Sängerkrieg;
Und Luthers reine Muse hat errungen
Dem deutschen Liede seinen größten Sieg.«

Ludwig Bechstein: Rede auf Schloß Wartburg

Die obenstehenden Worte entstammen einer Rede Ludwig Bechsteins, die er in seiner Funktion als Ehrenmitglied des Thüringer Sängerbundes am 24. August 1847 im Rahmen des 5. Liederfestes des Bundes auf der Wartburg vorgetragen hat.[1] Bechstein war als Heimatdichter und durch seine Niederschrift thüringischer Sagen die »ideale Identifikationsfigur«[2] für diesen Dachverband thüringischer Gesangvereine – und die Wartburg ideales Aushängeschild für die patriotisch gesinnte Gesangsbewegung, die sich in der ersten Hälfte des 19. Jahrhunderts zu einer regelrechten Massenbewegung aufgeschwungen hatte.

Gesang hatte schon beim Wartburgfest 1817 eine entscheidende Rolle zur Verbreitung politischer Inhalte und Forderungen gespielt. In den darauf folgenden Jahrzehnten stieg der Männerchorgesang in Ermangelung anderer Möglichkeiten der freien Meinungsäußerung zum politischen Medium schlechthin auf und erreichte eine bis dahin kaum gekannte Breitenwirkung.[3] Die Ursachen dafür lagen vor allem in der repressiven Haltung der Staaten des Deutschen Bundes: Die Ermordung des russischen Generalkonsuls August von Kotzebue durch den radikalen Burschenschafter Carl Ludwig Sand war 1819 von Seiten der Regierenden zum Anlass für die Karlsbader Beschlüsse genommen worden. Aus Angst vor einem Umsturz waren dadurch die Pressefreiheit aufgehoben, die Burschenschaften verboten, die Entlassung liberaler Professoren und die Überwachung von Universitäten angeordnet worden.[4] Die massenhaft entstandenen Gesangvereine boten für das aufstrebende Bürgertum die Möglichkeit, ihre liberalen Forderungen unter Gleichgesinnten in einem geschlossenen gesellschaftlichen Rahmen zu äußern. Diese Ansprüche bestanden einerseits in bürgerlichen Grundrechten und politischer Teilhabe, andererseits in einem deutschen Einheitsstaat und konnten bei Auftritten der Vereine in Liedform mal mehr, mal weniger verklausuliert in die Öffentlichkeit getragen werden.[5] Wenn auch die treibende Kraft in den Gesangvereinen eindeutig das Bildungsbürgertum war, wurde die Integration möglichst breiter Bevölkerungsschichten aus Stadt und Land angestrebt. Schätzungen zufolge hatten sich bis 1848 etwa 1100 Gesangvereine mit mindestens 100 000 Mitgliedern in Deutschland gegründet.[6] In Thüringen setzte in den 1830er Jahren eine Gründungswelle ein; die neu entstandenen Vereine orientierten sich am Vorbild der süddeutschen Liederkränze und vernetzten sich bald auf gemeinsamen Sängertreffen miteinander.[7] 1843 wurde der Thüringer Sängerbund als Dachverband ins Leben gerufen, dessen Einzugsgebiet vorwiegend in West- und Mittelthüringen lag. Der Sängerbund hatte sich seinen patriotischen Auftrag im wahrsten Sinne auf die mit dem thüringischen Löwen geschmückte Vereinsfahne geschrieben: »Deutsches Lied verkünde deutschen Sinn«.[8] Zur Verkündung dienten vor allem die seit 1843 jährlich abgehaltenen Liederfeste.

Als Austragungsort des 5. Liederfestes des Thüringer Sängerbundes am 23. und 24. August 1847 war die Wartburgstadt Eisenach auserkoren worden. Mit etwa 1200 Sängern aus 26 Vereinen und schätzungsweise 16 000–20 000 Beteiligten suchte diese Festivität in der ersten Hälfte des 19. Jahrhunderts in Thüringen quantitativ vergeblich ihresgleichen. Geradezu überschwänglich lesen sich die zeitgenössischen Berichte in Illustrierten und Fachzeitschriften über dieses Großereignis; schon im Vorfeld wurde nicht an Vorschusslorbeeren gespart: »Alles läßt ein so gemüthliches, ein so erhebendes, ein an den mannichfachsten Genüssen so reiches Fest erwarten, daß es mit Recht die lebendigste Theilnahme aller Volks- und Musikfreunde, ja des gesammten Vaterlandes in Anspruch nimmt«[9] und ein anderer Bericht prophezeite: »[...] es wird sich am Fuße der Landgrafenburg, in Luthers ›lieber Stadt‹, ein höheres Leben entfalten, wie es das Thüringerland wol seit Jahrhunderten nicht gesehen hat«.[10] Das Sängertreffen, nach dem Ende einer verheerenden Hungersnot zugleich als karitatives Erntedankfest konzipiert, fand vor allem im Mariental statt (Abb. 1), das durch die umgebenden Felsen wie ein Amphi-

Abb. 1:
Als Austragungsort des 5. Liederfestes des Thüringer Sängerbundes 1847 wurde das Mariental ausgewählt
Blick in das Mariental bei Eisenach
19. Jahrhundert
Farblithographie
Wartburg-Stiftung
Kunstsammlung
Inv.-Nr. G2851

theater wirkte und zudem den Blick auf die symbolträchtige Wartburg erlaubte.[11] Man hatte eigens eine hölzerne Festarchitektur mit einer 1000 Personen fassenden Sängerhalle, einer Sängerlaube, Versorgungsbuden sowie Pavillons für die Mitglieder der großherzoglichen Familie errichtet (Abb. 2). Mit der Entscheidung, das zuvor stets eintägige Liederfest auf zwei Tage auszudehnen, sollte eine größere Breitenwirkung erzielt werden, was auch mit dem Ein-

satz von Sonderzügen erreicht wurde. Die lokale Bevölkerung nahm intensiven Anteil am Geschehen, beherbergte die auswärtigen Sänger als private Gastgeber und wohnte als zahlendes
Publikum aus der Nähe oder als »Zaungast« aus größerer Entfernung dem Ereignis bei. Wie die
Illustrirte Zeitung berichtet, »[...] haben sich die Liederfeste allmälig zu Volksfesten gestaltet,
die sich der lebendigsten Antheilnahme erfreuen, weil sie für die Entwickelung unseres Volks-
lebens von mannigfacher Bedeutung sind«.[12] In dieser Aussage klingt bereits die damals allgemein geläufige Auffassung an, dass der Musik und insbesondere dem Männerchorgesang eine
besondere moralische und das Gemeinwohl fördernde Kraft innewohne. So heißt es weiter:
»Der thüringer Sängerbund erkennt sein schönes Ziel, durch die Macht der Töne das Volk zu
erheben und zu begeistern [...]«.[13] Die »hohe Aufgabe« der Männergesangvereine sei es also,
»für Volksbildung und Volksveredlung thätig zu sein [...]«.[14]

    Der erste Festtag begann morgens mit einem feierlichen Zug vom Clemdagarten zum Markt-
platz, wo ein vom Vorsitzenden des Festkomitees, dem Pfarrer und Schriftsteller Heinrich
Schwerdt, gedichteter und von Felix Mendelssohn Bartholdy komponierter *Morgengruß* erklang. Darauf folgte ein *Weihespruch* als Dank an die Eisenacher Bürger und zur Ehrung des anwesenden großherzoglichen Paares. Es waren auch zahlreiche Dichter und Komponisten zur
Veranstaltung angereist, unter ihnen Ludwig Bechstein und Ludwig Storch, die Ehrenmit-
glieder des Thüringer Sängerbundes, und die Komponisten Friedrich Schneider und Albert

Methfessel. Am Nachmittag wurden auf dem Festplatz im Mariental in drei Abteilungen verschiedene Lieder, Instrumentalmusik und Reden, unter anderem von dem liberalen Land-
tagsabgeordneten Oskar von Wydenbrugk, vorgetragen. Ein geselliges Festmahl und Feuerwerk
beschlossen den ersten Festtag.

Mit der »Sängerfahrt auf die Wartburg« am zweiten Tag nahmen die Veranstalter unmiss-
verständlich Bezug auf das Wartburgfest 1817 mit seiner Burschenfahrt und erneuerten damit
impliziert die noch immer nicht umgesetzten politischen Forderungen der Studenten. So in-
szenierte die Illustrirte Zeitung auf ihrem Titelblatt den Zug der Sänger auf die Burg auch mit
deutlichen Anklängen an den Aufstieg der Studenten 30 Jahre zuvor (Abb. 3) und berichtete:

Die Sängerfahrt auf die Wartburg.

47

»Die Sänger vereinigen sich in Reih und Glied. Winkt doch ein leuchtendes Ziel, – Thüringens Palladium, die hehre Wartburg! Die alte glorreiche Zeit, Ritterturniere, Minnesängerkampf, Burschenfahrt und all das Schöne und Große, was sie erlebt und gesehen, soll sich vor ihren Augen, die immer noch jugendfrisch erglänzen und in ihren Räumen, die sich unter dem Schutze eines kunstsinnigen Fürsten wiederum verjüngen, zu neuem Leben erstehen! Die Sängerfahrt zur Wartburg im Jahre 1847 – das ist das schöne Bild, [...] welches die Herzen und Annalen unseres Volkes lange Zeit hinaus bewahren werden!«[15]

Erbgroßherzog Carl Alexander hatte die Wartburg für die Festteilnehmer öffnen lassen (Abb. 4) und war persönlich anwesend, als mit dem gemeinschaftlichen Singen von *Ein feste Burg ist unser Gott* an die Tradition von 1817 angeknüpft wurde. Nach einem für Blasmusik arrangierten Sinfoniesatz von Louis Spohr hielt Bechstein seine eingangs zitierte Wartburgfeierrede, die von den Zuschauern begeistert aufgenommen wurde. Im weiteren Redeverlauf forderte der Dichter ein geeintes, auf geistigen Werten gegründetes Vaterland: »Laßt uns des deutschen Geistes Wartburg bauen« und verkündete später: »Wir gründen nicht mit Schwertern, nicht mit Speeren, / Wir gründen mit dem Geist uns Burg und Reich.« Im Anschluss kam der ebenfalls von Bechstein gedichtete und von Andreas Zöllner vertonte *Sängergruß an die Wartburg* zu Gehör. Diese Huldigung von »Thüringens Burgen-Königin«[16] wird in der vorletzten Strophe mit der Erinnerung an die 30 Jahre zurückliegende Studentenversammlung und deren noch immer aktuellen Schlagworten verbunden:

48

»Und wie du seit den Vätertagen
Dem Volk gestrahlt, ein schöner Stern,
So hat sein Herz zu dir getragen
Der deutschen Jugend Kraft und Kern.
Manch edler Geist ward hier entzündet,
Da der Erinnerung heiliger Brand
Mit Flammenzungen hat verkündet:
Gott, Eintracht, Freiheit, Vaterland!«

Bechsteins Verse illustrieren eindringlich, wie sehr die Wartburg in der ersten Hälfte des 19. Jahrhunderts nicht nur Projektionsfläche für eine thüringische, sondern – nicht zuletzt durch die Austragung des Wartburgfestes – auch für eine nationale Identität und die Wunschvorstellung für ein geeintes Deutschland geworden war.[17] Nach einem weiteren Beitrag bot *Der Sänger* (C. F. Weisheit/C. Zwez) als letzte musikalische Darbietung auf der Wartburg ein katholisches Gegengewicht zur eingangs gesungenen protestantischen Hymne, in der Hoffnung, durch »die Macht der Töne [...] alle confessionellen, alle politischen und socialen Misklänge in harmonischen Einklang auflösen« zu können »im versöhnenden Bewußtsein des einigen großen Vaterlandes«.[18]

Gegen Mittag kehrten die Festteilnehmer ins Mariental zurück, wo am Nachmittag die einzelnen Gesangvereine in Tradition des Sängerwettstreits gegeneinander antraten. Als musikalischer Schlusspunkt erklang ein von Heinrich Schwerdt gedichtetes und von allen Teilnehmern gesungenes *Abschiedslied* nach der Melodie des Studentenliedes *Gaudeamus igitur* und mit einem Ball im Saal der Erholungsgesellschaft fand die Feier am Abend ihren gesellschaftlichen Abschluss.

Insgesamt lassen sich in vielen der vorgetragenen Lieder und Reden handfeste Freiheits- und Einheitsforderungen ablesen, wobei bei der Liedauswahl auch darauf geachtet wurde, die Harmonie nicht zu stören und das anwesende großherzogliche Haus nicht zu brüskieren.[19] Hier seien zur Veranschaulichung zwei eher explizite Beispiele angeführt. Die letzte Strophe von *Auf die Höhen* (J. Otto) sehnt die Aufhebung der Zensur unverblümt herbei: »Und kommt erst die große Stunde, / Wo mit Macht von Ort zu Ort / Man aus jedem deutschen Munde / Schallen hört das freie Wort, / Wo die Fesseln werden fallen, / Die die Geister noch umspannt; – / Dann bist du vor andern allen / Doppelt schön, mein Vaterland«.[20]

Der Beitrag von Gesangvereinen zur (geistigen) Vereinigung Deutschlands klingt im Lied *Der Sängerbund* von Methfessel an: »Nach Eintracht ringt das Vaterland: / Sein Mahnen soll zum Herzen dringen! / Gesanges-Einheit sei das Band, / Durch das sich Deutsche fester schlingen!«[21] Die Lieder und Musikstücke stammten größtenteils aus der Feder namhafter Thüringer Dichter und Komponisten wie Ludwig Storch, Ludwig Bechstein, Albert Methfessel, Friedrich Kühmstedt oder Friedrich Schneider. Die Rezension für ein musikalisches Monatsblatt fällt hinsichtlich der Musikauswahl geradezu euphorisch aus:

»Die musikalischen Kunstwerke, die uns hier vorgeführt wurden, waren genial, frei von jeglicher fremdartigen Beimischung, und es schienen die Schöpfer derselben es sich zur besondern Aufgabe gemacht zu haben, auf deutschem Kunstboden deutsche Tiefe, deutschen Ernst und deutsche Jovialität zu entwickeln [...]«.[22]

Das ganze Fest war getragen von dem Wunsch, das reichhaltige kulturelle Angebot, das Thüringen mit seinen Geistesgrößen und seiner Geschichte bereithielt, in die ersehnte Nation einzubringen.[23] So betonen es auch zwei zeitgenössische Rezensenten in musikalischen Fachblättern, die am Ende noch einmal zu Wort kommen und über das Liederfest resümieren sollen:

>Es war ein Fest deutscher Gesangeskunst und deutschen Volkslebens, auf welches nicht nur unser Thüringen, auf welches unser ganzes deutsches Vaterland, ja auf welches unsere sämmtlichen germanischen Stammverwandten mit gerechter Freude und edlem Stolze blicken dürfen<.[24]

>Ja, du herrliches Thuringia, du Land mit deinen Burgen und Sagen, mit deinen immer grünen Wäldern und Thälern, mit deinen segensreichen Fluren und Auen, mit deinen freundlichen und biederen Bewohnern, wem sollte nicht bei Nennung deines Namens das Herz aufgehen? Verklungen sind die Töne deiner Sänger, doch lange noch wird in ihren Herzen der 23ste und 24ste August 1847 und mit denselben die Erinnerung an Eisenachs Gastfreundschaft fortleben<.[25]

Ausblick
Die Teilnehmer des Eisenacher Liederfestes konnten nicht ahnen, dass mit der Revolution und der Konstitution der Frankfurter Nationalversammlung schon im Folgejahr viele ihrer gesungenen Hoffnungen zunächst in greifbare Nähe rücken, durch die Niederschlagung der Revolution 1849 aber noch auf viele Jahre unerfüllt bleiben sollten. Dabei behauptete sich der Chorgesang bis zur deutschen Reichsgründung 1871 als eines der wichtigsten Ausdrucksmittel der Nationalbewegung.

1 Abgedruckt in: LUDWIG BECHSTEIN: Schloß Wartburg. In Liedern und Romanzen gefeiert. Leipzig 1859, S. 100–103.

2 SEBASTIAN NICKEL: Männerchorgesang und bürgerliche Bewegung 1815–1848 in Mitteldeutschland (Veröffentlichungen der Historischen Kommission für Thüringen. Kleine Reihe Bd. 37). Köln/Weimar/Wien 2013, S. 197.

3 Siehe zusammenfassend FRIEDHELM BRUSNIAK, DIETMAR KLENKE: Sängerfeste und die Musikpolitik der deutschen Nationalbewegung. In: Die Musikforschung. 52. Jahrg., H. 1 (Januar–März 1999), S. 29–54.

4 Zu den Karlsbader Beschlüssen siehe GÜNTER STEIGER: Urburschenschaft und Wartburgfest. Aufbruch nach Deutschland. Leipzig/Jena/Berlin ²1991, S. 232–244. Zum Verbot der Burschenschaften und dem (auch musikalischen) Nachhall siehe JOACHIM BAUER, THOMAS PESTER: Wir hatten gebauet ein stattliches Haus… August Daniel von Binzer – Sänger und Anwalt der Urburschenschaft (1817–1820). In: Wartburg-Jahrbuch 2017, 26 (2018), S. 81–112.

5 Zu den Leitideen und Forderungen der bürgerlichen Bewegung und zum Vereinswesen siehe ausführlich: NICKEL, Männerchorgesang 2013 (wie Anm. 2), S. 33–38; siehe weiterhin BRUSNIAK/KLENKE, Sängerfeste 1999 (wie Anm. 3), S. 31.

6 NICKEL, Männerchorgesang 2013 (wie Anm. 2), S. 74.

7 Siehe hierfür und im Folgenden HANS-WERNER HAHN: Die »Sängerrepublik« unter der Wartburg. Das Liederfest des Thüringer Sängerbundes in Eisenach im August 1847 als Beitrag zur kulturellen Nationsbildung. In: DIETER HEIN, ANDREAS SCHULZ (Hrsg.): Bürgerkultur im 19. Jahrhundert. Bildung, Kunst und Lebenswelt. München 1996, S. 191–211, hier S. 192–195; NICKEL, Männerchorgesang 2013 (wie Anm. 2), bes. S. 78–82, S. 161–181.

8 Im Statut des Sängerbundes ist der Zweck klar definiert als »[…] das deutsche Lied zu pflegen und mehr und mehr zum Gemeingut zu machen, auch durch die Macht desselben vaterländischen Sinn, der in geistiger und sittlicher Erhebung des deutschen Volkes […] seine Befriedigung findet.« Zitiert nach: NICKEL, Männerchorgesang 2013 (wie Anm. 2), S. 164.

9 Signale für die musikalische Welt. 5. Jg., Nr. 22. August 1847, S. 261.

10 Das Sängerfest zu Eisenach am 23. und 24. August 1847: Illustrirte Zeitung, IX. Band, Nr. 216, [21. 8. 1847], S. 116. Der Bericht erschien kurioserweise bereits einige Tage vor dem Fest, kann aufgrund der detailreich ausgeschmückten Schilderungen, die auf dem Festprogramm beruhen, aber dennoch als aufschlussreiches Zeitzeugnis gelten.

11 Zum Ablauf des Festes siehe hier und im Folgenden HAHN, Sängerrepublik 1996 (wie Anm. 7), bes. ab S. 195; NICKEL, Männerchorgesang 2013 (wie Anm. 2), S. 181–203.

12 Sängerfest, Illustrirte Zeitung (wie Anm. 10), S. 116.

13 Ebenda, S. 118.

14 Ebenda.

15 Ebenda.

16 Sängergruß an die Wartburg, zitiert nach: BECHSTEIN, Schloß Wartburg 1859 (wie Anm. 1), S. 99f.

17 Siehe hierzu auch HAHN, Sängerrepublik 1996 (wie Anm. 7), S. 207.

18 Sängerfest, Illustrirte Zeitung (wie Anm. 10), S. 118.

19 So fehlte etwa das einschlägige Was ist des Deutschen Vaterland von Arndt: siehe hierzu zusammenfassend HAHN, Sängerrepublik 1996 (wie Anm. 7), bes. ab S. 199; NICKEL, Männerchorgesang 2013 (wie Anm. 2), bes. S. 187–194.

20 Zitiert nach: NICKEL, Männerchorgesang 2013 (wie Anm. 2), S. 188f.

21 Zitiert nach HAHN, Sängerrepublik 1996 (wie Anm. 7), S. 205.

22 Bericht von HAASE unter der Rubrik »Mannigfaltiges«. In: Euterpe. Ein Musikalisches Monatsblatt für Deutschlands Volksschullehrer. 7. Jahrgang, 1847, S. 148–155, hier S. 150.

23 HAHN, Sängerrepublik 1996 (wie Anm. 7), bes. S. 207–211.

24 HAASE, Mannigfaltiges 1847 (wie Anm. 22), S. 148.

25 J. G. MÜLLER: Fünftes Liederfest des Thüringer Sängerbundes, den 23sten und 24sten August 1847. In: Neue Zeitschrift für Musik 22, 13. 9. 1847, S. 129f. Der Autor hat sich während seines Aufenthalts beim Liederfest am 24. August 1847 auch ins Gästebuch der Wartburg eingetragen: Wartburg-Stiftung, Archiv, Gästebuch Nr. 15.

»Die heiligen Hallen veredeln auch das Denken, auch das Singen und das Hören. In diesem Sinne ist es sehr inspirierend, einmal darinnen auftreten zu können. Dabei entsteht etwas, das heutzutage im Verschwinden zu sein scheint: Achtung, eine Behutsamkeit der Gegenwart gegenüber der Geschichte. Die räumliche Anwesenheit vergangener Zeiten vermag den Provinzialismus zu beschränken. Es wäre wunderbar, wenn die Wartburg gerade in diesen komplizierten Zeiten ein Ort werden könnte für die jungen Sängerinnen und Sänger, die nach ihrem Weg suchen. Ein Sängerfest – ja, das wäre doch ein guter Plan.«

HANS-ECKARDT WENZEL, Interview 2020

Der Festsaal der Wartburg von Süden
Emil Büchner, 1893/1933, Aquarell
Wartburg-Stiftung, Kunstsammlung
Inv.-Nr. G3033

IV »Musik, die an das Gebet grenzt und es erhöht« – Franz Liszt auf der Wartburg

Grit Jacobs

Es war am Abend des 28. August 1867, der Festsaal im Palas der Wartburg erstrahlte im Licht zahlloser Kerzen, das Publikum saß bereits an den Längsseiten des Raums und die hohen Herrschaften – Carl Alexander von Sachsen-Weimar-Eisenach, seine Gemahlin Sophie und deren Gefolge – hatten ihre Plätze auf der Tribüne aufgesucht, als ein Rauschen durch den Saal ging und »Liszt erschien. Im einfachen schwarzen Kleide des Geistlichen [...] eilte er durch den Saal zum Dirigentenpulte, hinter dem 150 Sänger, Sängerinnen und Musiker ein Drittheil des Saales erfüllten. Kein Taktstock, nur seine Hand, mit schwarzem Glacé bekleidet, gab das Zeichen zum Anfang.«[1] Zum ersten Mal erklang das Oratorium *Die Legende von der heiligen Elisabeth* an seinem Bestimmungsort auf der Wartburg.

Für den Burgherrn Carl Alexander war die festliche Veranstaltung der Höhepunkt eines Festtages, an dem der 800. Geburtstag der Burg seiner Ahnen feierlich begangen wurde. Fast 30 Jahre nach dem Beschluss, die geschichtsträchtige alte Feste zu erneuern, erstrahlte sie nun in neuem Glanze. Der stolze Bergfried überragte die Burganlage. Der Palas stand wieder in seiner mittelalterlichen Form und im Inneren kündeten Moritz von Schwinds Fresken von den glorreichen Taten der Landgrafen von Thüringen, den barmherzigen Werken der heiligen Landgräfin Elisabeth und dem legendären Sängerwettstreit. Schwind hatte mit der Darstellung des Musenhofs Hermanns I. mit all den berühmten Sängern eine der bedeutenden kulturellen Traditionen des Hauses Sachsen-Weimar-Eisenach wieder aufleben lassen. Er war es auch gewesen, der dem Großherzog vorgeschlagen hatte, dem mittelalterlichen Bildpersonal die Züge von bedeutenden Persönlichkeiten der jüngeren Geschichte und Gegenwart zu verleihen. Weimars »Goldenes Zeitalter« präsentierte der Maler in der Person Herzogin Anna Amalias, »die der Mittelpunkt und der Schutz des deutschen Dichterhofes in Weimar war, gerade wie die thüringische Landgräfin unsres Bildes«, wie er an Carl Alexander geschrieben hatte.[2] »Es treten Goethe und Schiller als Jünglinge auf, begeisterte Verehrer der hohen, schutzreichen Frau« und natürlich Carl Alexander selbst, »umgeben von den Würdezeichen des Großherzogs in Sachsen, [...], als der Fürst, der preisend hinweist auf die Herrlichkeit einer vergangenen Zeit«. Neben seinem Sohn, dem im Vordergrund knienden Knaben mit dem Wappenschild, hatte sich Carl Alexander das Porträt von Franz Liszt gewünscht, der in der Figur des Wolfram von Eschenbach auftritt (Abb. 1).

Liszts Wirken als Hofkapellmeister »in außerordentlichen Diensten« sollte sich freilich nicht nur auf die Stadt Weimar beschränken, sein Können wollte Großherzog Carl Alexander auch der Erneuerung der Wartburg zugutekommen lassen, deren Vollendung ein Zusammenspiel nicht nur aus Geschichte und Mythen, Architektur, Malerei und Skulptur, sondern auch eigens beauftragten Werken der Literatur und Musik umfassen sollte.

Bereits 1855, im Jahr der Fertigstellung der Fresken Moritz von Schwinds, soll Großherzog Carl Alexander dem Komponisten ein musikalisches Werk zu Ehren der heiligen Elisabeth angetragen haben, das zu einer eigens geplanten Wiederherstellungsfeier auf der Wartburg uraufgeführt werden sollte. Dem Schriftsteller Otto Roquette hatte man im Mai 1855 während

Abb. 1:
Der Sängerwettstreit
Moritz von Schwind
1855, Fresko im
Sängersaal des
Palas der Wartburg

eines Aufenthaltes in Weimar nahe gelegt, sich auf der Wartburg über die Heilige zu unterrichten und sie »auf irgend eine poetische Gestaltung hin anzusehen«.[3] In seiner Lebensbeschreibung betonte der Dichter, dass ihm das Wesen der heiligen Landgräfin, obwohl Schwind sie »in der holdseligsten Gestalt« dargestellt habe, »unnahbar und eigentlich nicht anziehend« erschienen war, doch konnten Carolyne von Wittgenstein, deren Tochter und der Komponist des geplanten Oratoriums ihn schließlich überzeugen, das Libretto zu verfassen.[4]

Der Aufbau des Textbuchs folgt Schwinds Malereien in der Elisabethgalerie, die das Leben der heiligen Elisabeth in sechs Szenen erzählen, begonnen bei der Ankunft der vierjährigen Königstochter in Thüringen, über das Rosenwunder, den Abschied von ihrem Gemahl, den Weggang von der Burg, den Tod in Marburg bis hin zur feierlichen Erhebung ihrer Gebeine anlässlich der Heiligsprechung im Beisein Kaiser Friedrichs II. (Abb. 2). Schwind, der selbst Katholik war, hatte sich bei der Darstellung des Lebens der Heiligen zum einen eng an die seiner Zeit maßgebliche katholische Biografie des Grafen von Montalembert[5] gehalten und Elisabeth ganz bewusst mit einem Heiligenschein wiedergegeben. Das Kruzifix über dem Eingang zur Kapelle zeichnete den Raum als sakral zu verstehenden Ort aus. Auf der anderen Seite hatte der Maler mit den in den Tondi zwischen den Lebensszenen angebrachten Werken der Barmherzigkeit ein konfessionsübergreifendes Element gewählt, das ihm die Zustimmung auch der protestantischen Rezipienten zusicherte.[6]

Liszt war begeistert von den Malereien und fand, Schwind sei »selten gluecklicher inspirirt gewesen«.[7] Er hatte sich in Montalemberts Elisabeth-Biografie vertieft und arbeitete spätestens seit 1858 intensiv an dem Werk, für das er geeignetes Liedmaterial suchte. In dem zweiteiligen Werk verarbeitete er schließlich bei allen maßgeblichen Motiven und Gesängen musikalisches Material, das entweder in Verbindung mit seiner Heimat Ungarn oder der Heiligen selbst stand.

Das beherrschende und alle Teile verbindende Motiv beruht auf Gesängen der Vesper zum Fest der heiligen Elisabeth – wenn auch der heiligen Elisabeth von Portugal (Abb. 3).[8]

Für Franz Liszt war sein Oratorium »Musik, die an das Gebet grenzt und es erhöht«,[9] Ausdruck seiner tiefen Religiosität, der Verehrung einer Heiligen und der von ihr gelebten franziskanischen Ideale sowie seiner Verbundenheit zu Ungarn. »Ich bin wie sie in Ungarn geboren«, hatte er nach der Vollendung des Werkes 1862 an seine Mutter geschrieben, »und habe zwölf Jahre, die einen entscheidenden Einfluß auf mein Schicksal und meine Karriere ausgeübt haben, in Thüringen ganz nahe der Wartburg verbracht, wo sie wohnte, und bei Marburg, wo sie starb. Ich habe die Restaurationsarbeiten an der Wartburg verfolgt, die von meinem Großherzog von Weimar durchgeführt wurden und habe gesehen, wie im ›Elisabethen-Gang‹ […], der in dieser Burg zur Kapelle führt, die Fresken von Schwindt gemalt wurden, in denen die markantesten Taten der Legende von der Hl. Elisabeth dargestellt werden […].«[10]

1862 lebte Liszt bereits in Rom, drei Jahre später, als das Oratorium *Die Legende von der heiligen Elisabeth* am 15. August 1865 in Budapest uraufgeführt wurde, hatte er die niederen Weihen

empfangen (Abb. 4). Liszt war nun Weltgeistlicher und trat im Gewand des Abbé ans Dirigen-
tenpult, begleitet vom tosenden Applaus und stürmischen Jubel des ungarischen Publikums.[11]

Die Aufführung auf der Wartburg am 28. August 1867 aber lebte nicht zuletzt von der Atmosphäre des Ortes, denn »die schöne Composition« wirkte »gerade an dieser Stelle (soweiig die-
selbe akustisch günstig genannt werden konnte) mit doppelter Magie«[12] und wurde zu einem
»von jenen Eindrücken, bei denen ein moderner Mensch sich fragt, ob sie wirklich gelebt und
genossen, oder ob sie nur ersehnt und erträumt sind. Selten ist einem Künstler vergönnt gewesen, sein Werk an solcher Stätte, unter solch eigenthümlich ergreifenden und bewegenden

Abb. 5:
Die Aufführung
des Festspiels
*Brautwillkomm auf
der Wartburg* am
23. 9. 1873, nach
einer Zeichnung
von O. Günther
(wie Anm. 16)

Umständen zur Aufführung zu bringen. Auf derselben Burg, wo die erhabene Heldin des Werkes als Landgräfin gewaltet, an welche die fromme Sage ihre Wunder knüpft [...], im herrlichen neurestaurierten Landgrafensaal, erklangen die Töne der ›heiligen Elisabeth‹, Weihe von den Räumen empfangend und Weihe zurückgebend.«[13]

Sechs Jahre später kehrte der Meister noch einmal auf die Burg zurück, um am 23. September 1873 die Uraufführung des *Brautwillkomm auf der Wartburg* zu begleiten. Das Werk konnte es freilich weder an Aufwand noch an persönlicher Hingabe des Komponisten mit dem Elisabeth-Oratorium aufnehmen. Anlässlich der bevorstehenden Vermählung seines Sohnes Carl August mit Pauline von Sachsen hatte sich Großherzog Carl Alexander am 10. Juni 1872 zunächst mit der Bitte an Joseph Victor von Scheffel gewandt, für die Feierlichkeiten auf der Wartburg »etwas Festliches« zu schreiben, zu dessen Vertonung sich Franz Liszt bereit erklärt habe.[14] Scheffel dichtete daraufhin ein Festspiel, das, wie es der Auftraggeber gewünscht hatte, prominente Persönlichkeiten der Wartburg, aber auch der deutschen Geschichte und Sagenwelt vereint – angefangen mit der aus seinem eigenen Werk stammenden Frau Aventiure über Frau Venus und den treuen Eckardt, die legendären Minnesänger um Landgraf Hermann von Thüringen bis hin zur heiligen Elisabeth. Liszt hatte die Musik des Festspiels komponiert, allerdings den am Ende des Werks als Junker Jörg auftretenden Luther nicht mit einer Komposition bedacht, was wohl weniger seinen konfessionellen Bedenken, als vielmehr dem Takt gegenüber »dem Rocke, den er trug« geschuldet gewesen sei.[15] Dass die Luther-Passage dennoch auf der Wartburg aufgeführt wurde, war der Vertonung des Eisenacher Musikdirektors Carl Müller-Hartung zu danken.

Eine Zeitungsillustration gibt einen Einblick in die Aufführung im Festsaal der Wartburg: Franz Liszt sitzt am Nordende des Saals am Klavier und begleitet den Gesang der gerade auftretenden heiligen Elisabeth (Abb. 5).[16] Müller-Hartung steht im Hintergrund, bereit, den von ihm komponierten Luther-Teil zu begleiten. Neben den beiden Komponisten sind einige andere Persönlichkeiten zu erkennen. So blickt Großherzog Carl Alexander den Betrachter geradewegs aus der ersten Reihe an. Im Hintergrund stehen links Hugo von Ritgen, der Wartburgarchitekt, und Bernhard von Arnswald, dem die Zeitung einen erheblichen Anteil am Gelingen des Festes auf der Wartburg zuschrieb.

Die Kritiken des Werks fielen durchaus unterschiedlich aus. So fanden die einen, dass das Werk »in reizender Weise Innigkeit des Gemüts mit dem schalkhaften Humor vereinigt, der Scheffel eigen ist, und durch Liszt's Musik, welche sich trefflich den vom Dichter angeschlagenen Tönen anschmiegt und sich dem Hörer einprägt, zur schönsten Wirkung gebracht wird.«[17] Auch die Neue Zeitschrift für Musik urteilte nach dem Erscheinen der dem Brautpaar gewidmeten *Wartburg-Lieder*, die allerdings nicht das gesamte Festspiel, sondern nur die Lieder der Minnesänger umfassen: »Will man das Werk unter die Gelegenheitszeugnisse rechnen, so wird seinem Werthe damit kein Eintrag getan; ist es doch trotz alledem mit dem Stempel ›Franz Liszt‹ geschmückt.« Dank ihrer überzeugenden Tonsprache und dem Stimmungsreichtum blieben diese Lieder eine »Perle im Liszt'schen Liederschatze.«[18] Die Neue Freie Presse bedachte eine von der Wiener Sing-Akademie im Dezember 1873 veranstaltete Aufführung der *Wartburg-Lieder* hingegen mit einer vernichtenden Kritik. Es sei »seit langer Zeit kaum etwas Unbedeutenderes und Dürftigeres vorgekommen, als diese neue Tondichtung von Liszt [...] Es ist sehr möglich, daß Liszt selbst dieser allerunterthänigsten Gelegenheits-Composition selbst kein besonderes Gewicht beilegt; dann hätte er aber besser gethan, sie ungedruckt zu lassen.«[19] Das Neue Fremden-Blatt ließ ähnliches vernehmen, gestand aber noch zu, dass die Lieder »bei der ersten Aufführung (in dem alten Landgrafen-Schloß selbst) Sensation erregt haben, den zahlreichen politischen Anspielungen des Textes, der erhöhten Feststimmung unmittelbar nach dem Kriege, vor Allem der faszinierenden Anwesenheit des Komponisten, der persönlich am Flügel begleitete – mag solcher Effect immerhin gelungen sein.«[20] Tatsächlich muss man sich wohl die Aufführung des gesamten Festspiels mit seinen Chören, Instrumentalpassagen und gespielten Szenen im Festsaal der Wartburg ungleich eindrucksvoller vorstellen, als es eine separate Aufführung der Lieder im konzertanten Rahmen vermag.

1 Der Sammler, Nr. 36, 1867, S. 399.
2 Moritz von Schwind an Carl Alexander, 24.12.1854, zitiert nach OTTO STOESSL (Hrsg.): Moritz von Schwind. Briefe. Leipzig 1924, S. 362f.
3 OTTO ROQUETTE: Siebzig Jahre. Geschichte meines Lebens. Bd. 2. Darmstadt 1894, S. 61.
4 Ebenda, S. 74f.
5 Leben der Heiligen Elisabeth von Ungarn, nach dem Französischen des Grafen von Montalembert, übers. von J. PH. STÄDLER. Aachen und Leipzig 1837.
6 Zu Entstehungsgeschichte und Konzeption des Elisabeth-Zyklus siehe STEFAN SCHWEIZER: Der katholische Maler und sein protestantischer Auftraggeber. Moritz von Schwinds Elisabeth-Fresken auf der Wartburg. In: DIETER BLUME, MATTHIAS WERNER (Hrsg.): Elisabeth von Thüringen. Eine europäische Heilige (Aufsätze). Petersberg 2007, S. 547–563.
7 BIANCA NASSAUER: Moritz von Schwinds Freskenzyklus als Inspirationsquelle für Franz Liszts Oratorium von der Heiligen Elisabeth. In: LUKAS CHRISTENSEN, MONIKA FINK (Hrsg.): »Wie Bilder klingen«. Tagungsband zum Symposium Musik nach Bildern (Innsbruck, 16.–18. April 2010). Wien/Berlin ²2012, S. 55–69, hier S. 62.

8 DETLEF ALTENBURG: »Die Erde berührte in diesem Moment den Himmel«. Franz Liszts »Legende von der heiligen Elisabeth«. In: BLUME/WERNER 2007 (wie Anm. 6), S. 583–590; NASSAUER 2012 (wie Anm. 7), S. 55–69.
9 Franz Liszt. Briefwechsel mit seiner Mutter. Hrsg. und kommentiert von KLÁRA HAMBURGER. Eisenstadt 2000, S. 350.
10 Ebenda, S. 351.
11 Illustrirte Zeitung, Nr. 1159, 1865, S. 194 (Abb. S. 193).
12 Illustrirte Zeitung, Nr. 1264, 1867, S. 194.
13 Neue Zeitschrift für Musik, Nr. 63, 1867, S. 320.
14 NATALIE GUTGESELL: »Da hat Herr Scheffel etwas dazu gedichtet«. Joseph Victor von Scheffel als bildender Künstler. 2 Bde. (zugl. Diss. Phil. Universität Erlangen) Halle/Saale 2014, Bd. 1, S. 287–298, hier S. 288; Bd. 2, S. 311–315, Kat.-Nr. 293–297.
15 LINA RAMANN: Franz Liszt. Als Künstler und Mensch, Band 2.2. Leipzig 1892, S. 229.
16 Über Land und Meer. Allgemeine Ilustrirte Zeitung, Nr. 8, Abb. zu S. 155 (Beschreibung des Ereignisses: S. 155f.).
17 GUTGESELL, Scheffel 2014 (wie Anm. 14), S. 295.
18 Neue Zeitschrift für Musik, Nr. 47, 1873, S. 473f.
19 Neue Freie Presse, Nr. 3338, 10. 12. 1873, S. 1.
20 Neues Fremden-Blatt, Nr. 314, 12. 12. 1873, S. 1.

Freskentauglicher Sound in heiligen Hallen — Das Wartburg Logbuch von Kravetz & Friends zum Programm *Lust auf Liszt* 2011

Im Liszt-Jubiläumsjahr 2011 startete die Band Kravetz & Friends um den Pianisten Jean-Jacques Kravetz auf der Wartburg ein für die »heiligen Hallen« ungewöhnliches Experiment, das dem Titel nach *Lust auf Liszt* machen sollte. Genreübergreifend wollte die Band, unterstützt von mehreren musikalischen Weggefährten, darunter Peter Maffay, den Geist des Komponisten gleichsam in die Gegenwart holen. Das von der Lippmann + Rau-Stiftung veranstaltete Konzert wurde live mitgeschnitten und 2012 unter dem Titel *Liszt & Live auf der Wartburg* veröffentlicht. Davon, welche Herausforderungen das Musizieren in denkmalgeschützten Räumen an Künstler wie Verantwortliche der Wartburg-Stiftung stellte und die letztendlich erfolgreich gemeistert wurden, erzählt das Wartburg Logbuch der Band.

Eindrucksvolle Tage liegen hinter uns. Unvergesslich, persönlich und für alle Ewigkeit eingraviert als Lebens-Highlight eines jeden Einzelnen. Die Geschichte dieser altehrwürdigen Burg wurde wieder ein Stück weiter geschrieben.
Was hat diese Burg nicht alles erlebt, ertragen und überlebt. Wir sind stolz darauf in diesen heiligen Hallen gespielt zu haben und wer weiß, vielleicht treffen wir ja 2013 Wagner. Liszt hat ihm mit Sicherheit schon berichtet – oben auf der Burg!

Jean-Jacques Kravetz

Unser Wartburg Logbuch
Freskentauglicher Sound in heiligen Hallen

Montag

15:00 *Crew get in. Vor 18 Uhr geht nix. Führungen auf der Burg.*
18:00 *Der LKW voller Technik rollt an und muss unten bleiben. Zu groß für kleine Burgtore.*
18:30 *Notprogramm. Umladen auf kleine Burgflitzer.*
01:00 *Finaler Aufbau. Die B3 – der Albtraum aller Roadies und Garant für Bandscheibenvorfälle – wird in den Saal gehievt. Obere Etage – Fahrstuhl? Fehlanzeige!*

Dienstag

14:21 *Ankunft auf der Burg. Einzug in die Gemächer. Was ein toller Blick über das gesamte Tal. Auspacken und erstmal häuslich einrichten.*
15:07 *Die Reisegruppe Kravetz mischt sich unter die Touristen. Ziel: Festsaal.*
15:16 *Wow – großes Erstaunen und offene Münder. Was für eine Kulisse – was ein Saal. Wir spüren die Jahrhunderte. Viele Kabel, offene Cases. Franz Liszt? Noch nicht da, hoffe ich treffe ihn noch.*
15:17 *Ich glaube wir haben zu viel Gepäck!*
15:20 *Die Touristen ziehen weiter – wir bleiben. Daniel »Orga« Eckenfelder bittet inständig, »dass mir sich keiner auf Luthers Stuhl setzt.« Es gab da so einen Sänger, Udo L. hätte das bereits vor uns versucht und damit ganz Eisenach in Alarmbereitschaft versetzt.*
15:30 *Spiele den ersten Ton auf dem Flügel. Klingt tierisch!*
18:00 *Erstmal essen. Gemeinsames Dinner am langen Tisch – Burgfeeling!*
20:00 *Aufstieg zur Burg.*
20:10 *Soundcheck? Verschoben! Müssen leise sein. Fernsehaufnahmen im Nachbargebäude. Weiter Daumen drehen.*
22:29 *Soundcheck? Ja – endlich! Steffi haut in die Seiten.*
22:30 *Wir sind zu laut!*
22:40 *Wir sind überdimensioniert!*
23:00 *Wir haben ein Problem. Denn die Wartburg –*

Unesco Weltkulturerbe — hat das erste Mal eine Rockband zu Besuch.

23:01 *Diskussionsrunde Teil I / Alarmsensoren in den Wänden, bleiverglaste Fenster, Vibrationen und vieles mehr.*

23:47 *Spielen!*

23:49 *Diskussionsrunde Teil II — Die Fresken unter uns werden unruhig!*

00:50 *Franz Liszt? Noch nicht da! Hat Vertretung in Form von Reinhard Lorenz ins Chaos geschickt. Werner »Diskussionsleiter« Schmidl — hat es sich auf dem Boden gemütlich gemacht. Matthias »Unermüdlich« Lunau schraubt am Pult, Klaus »Gitarrenheld« Fehr — schläft auf Stuhl, Daniel »Heimleiter« Eckenfelder — am Rande des Nervenzusammenbruchs.*

02:00 *Entscheidungen müssen her. Peter anrufen. Morgen unplugged!*

02:20 *Unser krisenerprobter Werner dreht alles was laut ist — also uns — am Pult raus.*

03:30 *Abbruch für heute, schlafen!*

MITTWOCH

Wortschöpfung des Tages: Freskentauglicher Sound!

09:00 *Frühstück, kein Auge zugemacht. Neuer Tag — Neues Glück?*

12:00 *Gemeinsamer Besuch im Lippmann & Rau Archiv. Bandproben in der Alten Mälzerei. Ungestörtes Lautsein.*

14:00 *Zurück ins Hotel. Erstmal frei, bis auf weiteres.*

14:11 *Die französische Abteilung rückt an. Schwester Monique, mit Ehemann Klaus und Entrée — Klavierschützling Camille treffen ein.*

19:00 *Peter ist da. Sichtlich überwältigt von der historischen Kulisse.*

19:00 *Vesper — Hier sieht es aus wie bei Harry Potter. Geladene Gäste, festlich gedeckte Tische, Kerzenleuchter überall, Ansprachen — großes Kino und irgendwie fühlt man sich zurückversetzt — in eine andere Zeit.*

19:30 *Camille verlässt freiwillig das Dinner. Finger warm spielen. Währenddessen genießen wir die Vorspeise.*

21:00 *Abmarsch in Richtung Burg: Soundcheck mit Peter im Festsaal.*

21:21 *Verpassen gerade das Dessert beim Dinner.*

21:40 *Das Publikum trudelt selbstständig ein. Zu früh! Alle wieder raus. Soundcheck noch im Gange.*

22:00 *Geht los.*

00:00 *Alle Happy — erste Etappe geschafft. Und — die Burg steht auch noch!*

01:00 *Zusammensitzen im Hotel. Unser verpasstes*

Dessert wird nachgereicht. Gut für die Linie!

01:02 *Peter »lauffreudig« Maffay hat oben auf der, mittlerweile alarmgesicherten Burg, sein Etui liegen lassen. Peter weg — Dessert da!*

01:20 *Peter da — Dessert weg!*

DONNERSTAG

07:11 *Peter M. steigt in den Flieger — Zeitgleich im Burghotel, drehe ich mich nochmal um.*

09:00 *Augenaufschlag. Alles deutlich entspannter. Mein gutes Gefühl kehrt zurück.*

13:37 *Peter Freundenthaler betritt thüringischen Boden. Einsammeln und ab zur Mälzerei. Unser Shuttle befindet sich im Dauereinsatz.*

14:00 *Bandproben im Gewölbekeller.*

19:00 *Dinner im Hotel.*

20:30 *Bandproben im Palais.*

23:47 *Schluss für heute. Setlist steht — halbwegs jedenfalls.*

FREITAG

14:30 *Ein Teil unseres Organisations Teams ist irgendwo auf der Burg eingesperrt und kommt nicht vor und zurück. Sandra »Generalschlüsselbesitzer« Lelewel ebenfalls verschollen. Warten auf die nächste Touristenführung.*

15:58 *Das glaube ich ja nicht. Erwische Günther »Lichtkünstler« Jäckle an meiner Orgel. Spiel »How the Gipsy was born«, dachte Pascal spielt. Bin platt und berührt.*

16:00 *Finaler Durchlauf, bevor es endgültig ernst wird. Pünktlich mit der letzten Touristengruppe fliegt Musik von Wagner durch das Gemäuer. Verstärker aus, Regler runter! Die Band sitzt auf der Bühne, während hinter der Absperrung heftig diskutiert wird, ob dieser Saal immer so aussieht und wo die Statisten denn herkommen. Wir werden bestaunt wie Tiere im Zoo. Mit ihnen geht auch Wagner. Alles auf Anfang, der Durchlauf geht weiter.*

16:41 *Hektisches Treiben. Sitze mit meiner Schwester am Flügel. Aus dem Zwischengang tönt der Zitronenbaum in akustischem Gewand. Uwe wienert ein letztes Mal den Flügel, während auf den Sitzen das Programm und Flyer der Entrée Stiftung verteilt werden.*

16:47 *Daniel bringt mir ein FAX von unserem ehrwürdigen Fritz. Lese seine Zeilen, bin gerührt. Er kann leider aus gesundheitlichen Gründen nicht da sein. Schicke ein Stoßgebet zum Himmel. Konzentrieren. Weiterspielen!*

17:58 *Letzter Ton. Gleich ist Einlass, wir müssen raus.*

18:00 *Dinner fällt vorübergehend aus – keine Zeit*

18:01 *Umziehen! Hotel? – keine Zeit!*

19:00 *Schon ein wenig Lampenfieber heute. Viele bekannte Gesichter. Der Saal ist voll. Das erste Konzert beginnt.*

19:20 *Magischer Lichtzauber à la Günther und wir mittendrin. Denke bei dieser anmutend, unwirklich schönen Szenerie, daran was der Liszt Franz wohl dazu gesagt hätte?*

21:59 *Die letzte Zugabe. Was ein Konzert und vor allem was für ein Publikum – Chapó!*

22:00 *Halbzeit Dinner im Hotel. Wir werden das gute Essen vermissen! Bekomme nur keinen Bissen runter, zu aufgeregt.*

23:00 *Unser Mitternachtskonzert beginnt. Was ein*

geiles, unvergleichliches Gefühl, mit meinen beiden Söhnen auf der Wartburg zu sein!*

00:51 *Ende! Flitzen durch die Katakomben der Burg, vorbei an den prominenten Fresken. Sieht alles noch heile aus. Doch Rocktauglich!*

01:00 *Der letzte Gang von der Burg zum Hotel wäre geschafft. Der ganze Innenhof des Burghotels ist gesäumt mit Menschen. Wir werden mit Beifall empfangen und belohnt mit einer lauen Spätsommernacht, die noch lange nicht vorbei sein sollte.*

04:17 *Ein letzter Blick aus dem Fenster, bevor ich die Augen vorübergehend schließe: Die Burg steht noch. Danke Franz, danke Martin!*

Kravetz & Friends um den Pianisten Jean-Jacques Kravetz im Festsaal der Wartburg

»Wenn ich unterwegs auf meinen internationalen Touren bin, spiele ich in vielen faszinierenden modernen Sälen mit großartiger Architektur. Aber nach einigen Monaten kann ich mich eigentlich nicht mehr daran erinnern, wie genau diese Säle ausgesehen haben. Hier bei der Wartburg ist das anders, sie hat einfach ihren ganz eigenen Charme und es ist immer ein unbeschreibliches Gefühl hier zu sein. Genauso geht es meinen Musikerkollegen, die ich hierhin einlade. Sie sind jedes Mal überwältigt, wenn wir die Wartburg schon von der Autobahn aus oben über den Baumwipfeln des Thüringer Waldes thronen sehen, sie die letzten Meter Fußmarsch hoch in den Palas antreten und erst recht, wenn sie den Festsaal betreten und auf der Bühne stehen.«

OTTO SAUTER, Interview 2019

»Wenn ich auf meinem Balkon stehe, sehe ich die Wartburg, obwohl ich in der West-
stadt wohne, von der man das nicht unbedingt erwarten würde. Für viele Eisenacher
— ich stamme ja eigentlich gar nicht aus Eisenach — ist das ein ganz wichtiges Krite-
rium, von ihrer Wohnung aus die Wartburg sehen zu können. Dann liebe ich die Wart-
burg einfach als Ort, den Berg hinauf zu laufen, die Umgebung und den herrlichen
Wald (von dem ich hoffe, dass man ihn noch lange so sehen wird) sowie den Blick von
der Wartburg auf Eisenach und auch auf den Thüringer Wald. Gerade ich als Musiker
bin auch viel unterwegs, und wenn man dann zurückkehrt nach Eisenach und man
sieht die Wartburg schon von Weitem, dann weiß man einfach, man ist gleich zuhause,
man kommt daheim an. Und dann ist es eben auch die Lage der Wartburg mit ihren
schönen Wanderwegen drum herum. Wir laufen sehr gern dort, besonders in den ru-
higeren Zeiten, wenn nicht allzu viele Touristen hier unterwegs sind und man es in
Ruhe genießen kann. Und in diesem Sinne wünsche ich mir, dass man die Wartburg
nicht zu weit für touristische Zwecke modernisiert und umbaut und begradigt, damit
der historische Charme nicht immer mehr abnimmt, sondern das Ursprüngliche wei-
testgehend erhalten bleibt, auch wenn ich natürlich die praktischen Gründe für ge-
wisse Sanierungsarbeiten verstehe.«

DIETER GASDE, Interview 2020

V

»Im linden Abendschein ragt hoch der Wartburg Zinne« – Die Wartburg in Wander- und Heimatliedern

Daniel Miksch

»Mit frohem Sang Wanderfahrten und gesellige Zusammenkünfte zu würzen, das wird der Thüringer nie unterlassen, es liegt ihm im Blut, es ist die Überlieferung der Väter, es ist seine schöne Gabe und hohe Freude.«[1]

Sehenswerte, landschaftlich attraktive Orte und historisch bedeutsame Plätze waren schon immer gehaltvoller Inhalt von gesungener wie instrumentaler Musik. Und so verwundert es kaum, dass auch die Wartburg als bedeutsames Kulturdenkmal im 19. und 20. Jahrhundert in der musikalischen Gattung des Liedes stetig aufgegriffen und thematisiert wurde.[2]

Die Wartburg galt den Zeitgenossen vor diesem Hintergrund als identitätsstiftendes Symbol einer ganzen Region, war bedeutende Sehenswürdigkeit in Westthüringen, umgeben von Rennsteig und Thüringer Wald, markanter Orientierungspunkt für Wanderer und Reisende und Zeichen der Heimatverbundenheit für viele Thüringer. Vor allem aber galt die Thüringer Landgrafenfeste als »Burg des deutschen Grals«, mehr als romantischer Sehnsuchtsort, war sie der Hort nationaler Geschichte und Einigung. Diese Themen manifestierten sich deutlich auch in Wander- und Heimatliedern,[3] die in zeitgenössischen Liederbüchern Verbreitung erfuhren.

Abb. 1:
Innentitel der
Thüringerwald-
Poesie. Wander-
skizzen von
August Trinius
Leipzig 1907 mit
Porträt und Signatur des Autors
Wartburg-Stiftung
Bibliothek

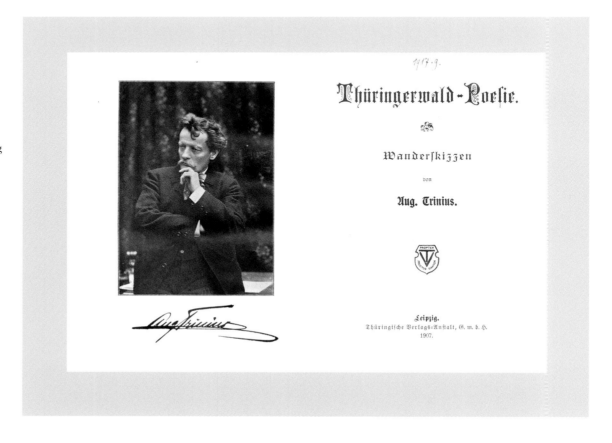

Die Lebensumstände vieler Menschen im 19. und beginnenden 20. Jahrhundert waren durch schwerwiegende Umwälzungen geprägt, politische Veränderungen, die Industrialisierung und der wachsende Fortschritt brachten Nebenwirkungen, Unsicherheit und soziale Probleme mit sich. Kompensation und Linderung fanden Viele in intensiven Naturerfahrungen – bis hin gar zu einer gesteigerten Agrarromantik – sowie in der Besinnung auf die eigenen Wurzeln, auf Heimat und Identität.[4] Vorbilder fand man im Schaffen berühmter und regional wirkender Persönlichkeiten wie Ludwig Storch, Ludwig Bechstein oder August Trinius[5] (Abb. 1) und als Ergebnis kam es in dieser Zeit zur Gründung zahlreicher Wandervereine, deren zwei prominenteste Vertreter in Thüringen der 1880 in Eisenach gegründete Thüringerwald-Verein und der Rennsteigverein 1896 e.V. waren.[6]

Die praktische Vereinsarbeit der beiden bestand in der Förderung der Wander-Infrastruktur mitsamt Wegeführung, Schutzhütten und Gastronomie, in naturschützenden Maßnahmen, der Herausgabe und Empfehlung von Wanderkarten und Tourismusführern sowie der Werbung für Thüringen und seine Wandergebiete. Intern zählten zu den Aktivitäten zudem volkskundliche und historische Forschungen, Mitgliederveranstaltungen und Zusammenkünfte und die Publikation vereinseigener Zeitschriften, der *Thüringer Monatsblätter* des Thüringerwald-Vereins und des *Mareile* des Rennsteigvereins 1896 e.V.[7]

Um Wanderungen und gesellige Abende auch musikalisch zu begleiten, gaben zahlreiche Wandervereine auch Liederbücher heraus. Die Liedkompendien der beiden Thüringer Vereine nahmen dabei mehrfach auch Lieder über die Wartburg auf; so sind in *Des Rennsteigwanderers Liederbuch* von 1907 (Abb. 2) mit *Dunkles Tal zu meinen Füßen* (Text: Ernst von Wildenbruch, Herbst 1883) und *Hallo das Bündel festgeschnallt* (Text: Wilhelm Katzer, 1886) zwei die Wartburg thematisierende Lieder enthalten.[8] Diese fanden auch Aufnahme in das *Liederbuch des Thüringerwald-Vereins* von 1927, das sogar von einer Wartburgdarstellung auf dem Einband geziert wird (Abb. 3).[9]

Drei weitere Lieder darin stammen aus der Feder von aktiven Mitgliedern des Thüringerwald-Vereins: Die Lieder *Es ist nun wirklich an der Zeit auf Wartburg froh zu rasten* und *Im Herzen deutscher Lande (Wartburg Heil!)* von Hermann Nebe[10] sowie das Lied *Wenn dich im Mai die Blumen froh umkränzen* von Wilhelm Greiner,[11] seinerseits langjähriger Direktor des Reuter-Wagner-Museums Eisenach.[12] Neben diesen erscheint hier auch das Lied *Wir ziehn zur Burg am linden Frühlingstage* von W. Rettig, der ebenfalls für einige Lieder in der *Wartburg-Tafelrunde*[13] verantwortlich zeichnete.

Die Texte dieser Wander- und Heimatlieder nehmen inhaltlich immer wieder auf die gleichen Aspekte Bezug: Erstens wohnt den Wartburgerwähnungen stets ein markanter Natur- und Landschaftsbezug inne. Ob die Burg aus der Ferne erspäht und »erwandert« werden will oder ob die Aussicht von der Wartburg aus auf die Ferne beschrieben wird, die natürliche Umgebung sowie der Bezug zu Thüringen ist fortwährend ein entscheidendes Element der Texte, wie am folgenden Liedbeispiel ersichtlich:

Abb. 2:
Einband von *Des Rennsteigwanderers Liederbuch*. Herausgegeben von Arthur Richter. Zeitz 1907. Sammlung des Rennsteigmuseums des Thüringer Rennsteigvereins e.V. Neustadt am Rennsteig

Abb. 3:
Einband von *Liederbuch des Thüringerwald-Vereins*. Herausgegeben von Adolf Menzel und Kurt Thiem. Eisenach 1927 Wartburg-Stiftung, Bibliothek

»Grüß Gott, ihr Täler, Triften, Aun / im bunten Sonnenkleide / wie Brautschmuck herrlich anzuschaun / so rechte Augenweide / Grüß Gott, Thüringerlande / Grüß Gott, am Saalestrande. / Seht dort im linden Abendschein / ragt hoch der Wartburg Zinne«.[14]

Zweitens fällt auf, dass die Wartburg aber nicht bloß als Landschaftspunkt wahrgenommen (Abb. 4), sondern vielmehr als Ort der Sehnsucht und als Symbol geschildert wird. Umschreibungen wie »Wartburg, du auf Deutschlands Stirne / Bräutlich unberührter Kranz!«[15], »Wartburg sei die Losung«[16] oder auch »heil'ger deutscher Gral«[17] verdeutlichen dies. Erwähnenswert scheinen in diesem Kontext auch die Zeilen:

»Wir ziehn zur Burg ein Jährlein nach dem andern / das Wetter ist uns gleich / Mag's stürmen auch bis wir dann selber wandern / ins dunkle Schattenreich«.[18]

Die Wartburg wird hier als begehrenswerter, immerwährender Anlaufpunkt beschrieben, dessen fesselnder Sehnsuchtscharakter zu Lebzeiten offenbar nicht zu erlöschen vermag. Der Ausschnitt:

»Doch wenn die Welt in Eis und Schnee versunken / dann bist du mein, der dir zu Füßen wohnt / ich steig empor, von Zauberschönheit trunken / Krystallschloß, das im Diamantschmuck thront / Ein Märchen glüht aus deines Berges Schoß / so hell so rein so deutsch so groß«.[19]

vermag diesen Eindruck noch zu bestätigen und setzt sie gar einem romantischen Märchenschloss gleich.

Drittens fällt auf, dass diese Formulierungen unterstützt werden von positiven Attributen und Charakterisierungen für die Wartburg selbst beziehungsweise für das persönliche Gemüt

Abb. 4:
Reproduktion der Postkarte »Gruss von der Wartburg« der Kunstanstalt Wilhelm Schütz Eisenach, 1898 Sammlung Manfred Kastner, Neustadt am Rennsteig

des Wanderers oder Besuchers beim Kontakt mit der Wartburg, ablesbar beispielsweise an Versen wie

>immer schön und immer lieblich / immer jung und immer neu«,[20]
>Der Söller gibt uns Zeit und Raum / ob Wald und Tal zu schwärmen / ein wundersamer Höhentraum / verscheucht des Trübsinns Härmen«[21]
oder
>Es leuchtet Glanz und Segen / vom Bergfried, stark und steil / hie Wartburg allerwegen / und ewig Wartburg Heil!«[22]

Viertens wurde in manchen Texten auf die historische Bedeutung der Wartburg Bezug genommen. Thematisiert werden etwa die Landgrafenzeit, Luthers Aufenthalt, Minnesang oder das Wartburgfest:

>Wir fühlen uns als Grafen hier / von Thüringen und Hessen«,[23]
>Da hat der Luther auch gezecht / wohl mit dem Burggesinde / vom Gerstensafte, kühl und echt / dem Teufel bot er Tinte«[24]
oder auch
>Aus seinen Höhen klingt es / wie Minneliedersang / aus seinen Hallen schwingt es wie frommer Frauen Gang. Im alten Saale geistert / der Burschenschafter Bann«.[25]

Gemeinsam ist überdies allen Wander- und Heimatliedern ihr Aufbau in vier bis sechs Strophen à vier bis acht Versen, eine durchgängige, der Verszahl angepasste Reimform und eine fröhlich-beschwingte Melodie, wie man sie für Wander- und volkstümliche Lieder erwartet. Für vier der hier vorgestellten Lieder mit Wartburgbezug wurden eigenständige Melodien und Singweisen kreiert und im *Liederbuch des Thüringerwald-Vereins* niedergeschrieben, während für zwei Lieder Melodien aus anderen, wohl bekannten Liedern übernommen wurden; so sei etwa das Lied *Es ist nun wirklich an der Zeit auf Wartburg froh zu rasten* auf die gleiche Weise zu singen wie *Wohlauf, die Luft geht frisch und rein* (1861) und so solle sich der Sänger beim Singen von *Wir ziehn zur Burg am linden Frühlingstage* an der Singweise von *Bekränzt mit Laub den lieben vollen Becher* orientieren, was wiederum die Kenntnis dieser anderen Lieder voraussetzt. In *Des Rennsteigwanderers Liederbuch* von 1907 verzichtete man derweil noch gänzlich auf den Druck der Melodie.

Bei aller bis hierhin durchscheinenden herzerwärmenden Wanderfreude, Thüringen- und Wartburgverbundenheit der Lieder muss aber auch auf die problematischen Seiten des Liedgutes hingewiesen werden. Denn als Produkte ihrer Zeit sollten die Wander- und Heimatlieder sowie generell die Veröffentlichungen und Aktivitäten zeitgenössischer Verbände wie des Thüringerwald-Vereins und auch des Rennsteigvereins 1896 e.V. ob bestimmter völkisch-nationaler Tendenzen und Bestrebungen auch kritisch hinterfragt werden. Auch jene Verbindungen »erstrebten wie viele andere in ganz Deutschland existierende national-konservativ, völkisch und antirepublikanisch gesonnene Bünde jener Zeit die ›Wiederaufrichtung der deutschen Volkskraft‹ aus dem Geist der Heimat.«[26] Diese zeitgenössischen und die Gesellschaft vielfach durchdringenden Entwicklungen fanden ihren Niederschlag eben auch in der damaligen Musikkultur und folglich auch in wartburgbezüglichen Liedern, beispielsweise im Vers:

>Sie ziehn zum Gral, den uns kein Franzmann raubt«[27]
oder auch beim Singen über
>Wartburggeist und deutscher Art und Ehr«.[28]

Dass sich solche Formulierungen jedoch trotz der immensen Bedeutungszuschreibungen und der Instrumentalisierung der Wartburg als herausragendem Nationalmythos mit kulturhistorischer Bedeutung vergleichsweise wenig finden, mag an dieser Stelle verwundern.[29] Auffälliger erscheint vielmehr, dass Wandergenusseuphorie und Thüringenverwurzelung jener Zeit im gesungenen Lied auch intensiv die Wartburg in ihren Liederreigen integrierten. Eingebettet in die Thüringer Landschaft und Natur wurde sie in diesem Format als Sehnsuchtsort, als Symbol und Identifikationspunkt besungen, hochjubelnd umschrieben und mit Episoden ihrer Geschichte verknüpft, als Bild vor dem geistigen Auge der singenden und wandernden Frauen und Männer Thüringens.

1 W. Nicolai: Unser neues Liederbuch. In: Thüringer Monatsblätter, 36. Jg. (1928), Nr. 3, S. 44.
2 Siehe die Definition des Begriffes Lied in: Das neue Lexikon der Musik. Auf der Grundlage des von Günther Massenkeil hrsg. Grossen Lexikons der Musik. Redaktionell bearbeitet von Ralf Noltensmeier. Stuttgart 1996, S. 84 und auch Siegfried Mauser u. a.: Handbuch der musikalischen Gattungen. Band 8: Musikalische Lyrik, Teil 2: Vom 19. Jahrhundert bis zur Gegenwart – außereuropäische Perspektiven. Bremen 2004, S. 25–35.
3 Als Wander- und Heimatlieder werden in diesem Zusammenhang Lieder (s. o.) bezeichnet, deren offenkundiger Hauptinhalt das Wandern, die Natur und die Region Thüringen ist.
4 Siehe hierfür etwa Rüdiger Haufe: Der »deutsche Wald« und seine »Tempelhüter« – Heimat- und Wandervereine als Produktions- und Vermittlungsinstanzen zeitgenössischer »Thüringen«-Diskurse im 19. und 20. Jahrhundert. In: Monika Gibas, Rüdiger Haufe: Mythen der Mitte. Regionen als nationale Wertezentren. […]. Weimar 2005, S. 59–78, hier S. 63.
5 Ludwig Storch (1803–1881), Ludwig Bechstein (1801–1881), August Trinius (1851–1919); siehe auch Rüdiger Haufe: Das »Grüne Herz Deutschlands« – Eine Metapher im Spannungsfeld von Regionalismus, Nationalismus und Tourismus. In: Detlef Altenburg u. a. (Hrsg.): Im Herzen Europas. Nationale Identitäten und Erinnerungskulturen. Köln/Weimar/Wien 2008, S. 219–250, hier S. 234–244.
6 Rüdiger Haufe, Der »deutsche Wald« (wie Anm. 4), S. 61–63.
7 Ebenda, S. 61–64.
8 Des Rennsteigwanderers Liederbuch. Im Auftrage des Rennsteigvereines herausgegeben von Arthur Richter – Ruhla. Zeitz 1907: Dunkles Tal zu meinen Füßen (S. 17), Hallo das Bündel festgeschnallt (S. 22). Für die Bereitstellung des Werkes und Abdruckgenehmigungen dankt der Autor Herrn Manfred Kastner, Leiter des Rennsteigmuseums des Thüringer Rennsteigvereins e.V. Neustadt am Rennsteig.
9 Liederbuch des Thüringerwald-Vereins, hrsg. vom Hauptvorstand und bearbeitet von Adolf Menzel und Kurt Thiem. Eisenach 1927: Dunkles Tal zu meinen Füßen (S. 36), Es ist nun wirklich an der Zeit auf Wartburg froh zu rasten (S. 11), Hallo das Bündel festgeschnallt (S. 41), Im Herzen deutscher Lande (Wartburg Heil!) (S. 44), Wenn dich im Mai die Blumen froh umkränzen (S. 60), Wir ziehn zur Burg am linden Frühlingstage (S. 65) – wenngleich die Lieder hier gelegentlich unter anderem Titel aufgenommen sind.
10 Siehe ausführlicher zu Burgwart Hermann Nebe und seinem Wirken im Beitrag »Und weiter kreist die Kanne im Wartburgzauberbanne« – Die Lieder der Wartburg-Tafelrunde auf S. 72f. in diesem Band.
11 Wilhelm Greiner (1879–1957) war Direktor des Reuter-Wagner-Museums in Eisenach und als Heimatforscher, Lieddichter und Schriftsteller weithin bekannt. Siehe auch Rüdiger Haufe: »Männer von Thüringens Pforte« – Akteure eines bildungsbürgerlichen Netzwerkes im 20. Jahrhundert. In: Zeitschrift des Vereins für Thüringische Geschichte 57 (2003), S. 205–234, hier S. 218–224.
12 Die letzten Verse der ersten Strophe dieses Liedes: »Sie sehn ihn glühn, in deines Berges Schoß / so hell, so rein, so deutsch, so groß« haben Michael Zachcial vom Volksliederarchiv des Müller-Lüdenscheidt-Verlages in Bremen zu folgendem Kommentar veranlasst, über den zu schmunzeln man sich nur schwer erwehren kann: »Au weia!! Ein echter Fall von Männerphantasien, die Wartburg als heiliger Gral und ihr Wartburgturm als deutscher Phallus, der in der Sonne glänzend aus dem Schoß von Mutter Erde ragt…« (siehe URL: https://www.volksliederarchiv.de/wenn-dich-im-mai-die-blumen-froh-umkraenzen-wartburg/ [Stand: 26. 2. 2020]).
13 Siehe den Beitrag »Und weiter kreist die Kanne im Wartburgzauberbanne« – Die Lieder der Wartburg-Tafelrunde auf S. 72f. in diesem Band.
14 Hallo das Bündel festgeschnallt (wie Anm. 8, 9).
15 Dunkles Tal zu meinen Füßen (wie Anm. 8, 9).
16 Es ist nun wirklich an der Zeit auf Wartburg froh zu rasten (wie Anm. 10).
17 Im Herzen deutscher Lande (Wartburg Heil!) (wie Anm. 9).
18 Wir ziehn zur Burg am linden Frühlingstage (wie Anm. 9).
19 Wenn dich im Mai die Blumen froh umkränzen (wie Anm. 9).
20 Dunkles Tal zu meinen Füßen (wie Anm. 8, 9).
21 Es ist nun wirklich an der Zeit auf Wartburg froh zu rasten (wie Anm. 10).
22 Im Herzen deutscher Lande (Wartburg Heil!) (wie Anm. 9).
23 Es ist nun wirklich an der Zeit auf Wartburg froh zu rasten (wie Anm. 9).
24 Hallo das Bündel festgeschnallt (wie Anm. 8, 9).
25 Im Herzen deutscher Lande – (Wartburg Heil!) (wie Anm. 10).
26 Rüdiger Haufe: Geistige Heimatpflege – Der »Bund der Thüringer Berg-, Burg- und Waldgemeinden« in Vergangenheit und Gegenwart. In: Joachim Radkau, Frank Uekötter (Hrsg.): Naturschutz und Nationalsozialismus. Frankfurt/New York 2003, S. 435–445, hier S. 439.
27 Wenn dich im Mai die Blumen froh umkränzen (wie Anm. 9).
28 Sippungslied der Wartburg-Tafelrunde. Das Sippungslied ist im Beitrag »Und weiter kreist die Kanne im Wartburgzauberbanne« – Die Lieder der Wartburg-Tafelrunde auf S. 72f. in diesem Band thematisiert.
29 Über die Vereinnahmung der Wartburg für nationale und völkische Zwecke in Literatur und Kunst siehe auch: Rüdiger Haufe: »Deutschem Wesen stets bereit«. Die Wartburg in nationaler Deutung. Zur »Wartburg-Lyrik« 1890–1933. Weimar 2000, besonders S. 16–27.

Ein eindrückliches Bild von der Wanderlust der Zeit um 1900 gibt der
Landschafts- und Genremaler Wilhelm Zimmer, der das Bildpersonal
dieser Zeichnung fröhlich zu Fuß und auf dem Esel (und vielleicht auch
mit einem Lied auf den Lippen) der Wartburg zuströmen lässt.

»Und weiter kreist die Kanne im Wartburgzauberbanne« — Die Lieder der *Wartburg-Tafelrunde*

Daniel Miksch

Schon dem Namen nach erweisen sich die *Lieder der Wartburg-Tafelrunde — Lieder der Wartburggemeinde*[1] von 1926 als eine Sammlung von zumeist wartburgbezüglichen Singstücken (Abb. 1). Das spezielle Büchlein entstand für die Gemeinde der Wartburg, eine der zahlreichen lokalen Ortsgruppen des 1921 ins Leben gerufenen Bundes der Thüringer Berg-, Burg- und Waldgemeinden. Neben dem Thüringerwald-Verein und dem Rennsteigverein 1896 e.V. handelte es sich dabei um eine weitere Vereinigung, in der Wanderfreude und Heimatpflege ihren Höhepunkt fanden. Auch bei diesem Bund standen praktische Vereinsaufgaben wie die Förderung von Wanderwegs- und Schutzhüttenstruktur, die Herausgabe von Wanderführern und -karten und den generellen Wandergenuss fördernde Maßnahmen im festen Programm. Deutlich fokussiert wurden jedoch die Aufgaben der zeitgenössischen »Heimatschutzbewegung«, und damit nichts Geringeres als die »sittliche Erneuerung des deutschen Volkes« und seine Identifikation mit Volkstum und Vaterland.[2]

Das Liederbuch der Wartburggemeinde vereint neben den bekannten wartburgspezifischen Liedern der Wandervereine zunächst national-patriotische Lieder wie *Vaterland* (Rettig) oder das *Bismarcklied* (Rettig) und Lieder wie *Thüringen, du meine Heimat* (Reinhardt) oder *Gruß an Thüringen* (Rehbein), die einmal mehr die Intentionen der Heimatschutzbewegung unterstreichen. In diesem Kontext sind die *Lieder der Wartburg-Tafelrunde* nicht nur eine Erweiterung der bekannten Wartburg-, Wander- und Heimatlieder, sondern repräsentieren vor allem auch den zeittypischen, aber immer kritisch zu hinterfragenden Ausdruck von Nationalstolz, volkseigener Heimatliebe und Natursehnsucht, mit Vorliebe projiziert auf das Symbol der Wartburg.

Hinzu kommen allerdings noch einige Singstücke ganz anderer Natur: ein eigenes *Wartburg-Lied*, das sogenannte *Sippungslied*, *Der Burgvogt und der Feldhauptmann*, *Der Velsbachstein* oder die *Eselstation*, deren Texte sämtlich von Hermann Nebe stammen. Hermann Nebe[3] war von 1925 bis 1945 Burgwart der Wartburg, anschließend bis 1952 sogar ihr musealer Leiter, zudem Vorsitzender des Thüringerwald-Vereins, Schriftleiter der *Thüringer Monatsblätter*[4] und trug den Ehrentitel *Nachbar* der Wartburggemeinde (Abb. 2). Als engagierter und um Volkskunde, Heimatforschung, Wanderfreuden und Burgenfahrten bemühter Schriftsteller, dessen »vaterländisch-deutsch-nationale Gesinnung«[5] jedoch an vielen Stellen zutage trat, ist er der wohl prominenteste Wartburglieddichter seiner Zeit. Sein Werk umfasste aber ebenso ausführliche touristische Wartburgführer, belletristische und humoristische Geschichten rund um Thüringen, alte Sagen und Volksweisen.

Die von Hermann Nebe gedichteten Wartburglieder in der *Wartburg-Tafelrunde* sind ein eindrückliches Zeugnis seiner Neigung zu humoristischen Liedern und Gedichten. Sie enthalten weniger deutlich den aus den Wander- und Heimatliedern bekannten Thüringen- und Naturbezug und lobpreisen die Wartburg auch nicht allzu überschwänglich als besonderen Sehnsuchtsort, sondern konzentrieren sich vielmehr auf eine heitere, aus heutiger Perspektive ja fast in die Lächerlichkeit führende Verarbeitung verschiedener Inhalte, bei der das Trinken einen besonderen Stellenwert einnimmt. So wurde bezeichnenderweise Nebes Lied *Es ist nun wirklich an der Zeit auf Wartburg froh zu rasten* unter dem Titel *Wartburg-Umtrunk-Willekumm!* in das Büchlein aufgenommen und auch das *Wartburg-Lied* mit dem Vers »und

weiter kreist die Kanne / im Wartburgzauberbanne«[6] ausstaffiert. In *Der Burgvogt und der Feldhauptmann* wird ein auf die Wartburgszenerie projizierter Trinkwettkampf beschrieben, in dem der Burgvogt den die Wartburg belagernden Feldhauptmann in einem Wetttrinken bezwingt und dadurch die Wartburg rettet, was mit folgenden Schlussversen resümiert wird: »Was nützt ein stark Berennen? / Man muss auch saufen können!«. Mit *Der Velsbachstein* und *Eselstation* sind zwei weitere Lieder vertreten, die einerseits auf lokale Plätze in der Nähe der Wartburg anspielen, andererseits durch ihre schlichtweg komischen Texte belustigen. Die *Eselstation* mit dem die Wartburg erklimmenden Protagonisten, der an der Eselstation Halt macht, sich den Eseln als einer von ihnen vorstellt und mit ihnen ins Gespräch kommt, erscheint noch recht harmlos. Deutlich irritierender ist hingegen der in *Der Velsbachstein* verarbeitete Text mit seinen merkwürdigen Lauten, der zwar der Originalversion von Joseph Victor von Scheffels *Als die Römer frech geworden* von 1847[7] entnommen wurde, nach dessen Melodie das Lied auch zu singen war, aber auch in Bezug auf die Wartburg die Frage aufwirft, in welchem Zustand der Rezipient, Hermann Nebe, diese Umdichtung wohl vornahm:

»Als die Wartburg ward beschossen, simserim, / sim sim sim sim, / und mit Rittern und mit Rossen simserim sim, / sim sim, sim; / Eisenach die Burg bedrängt, täterätätä! / Einer Siegesfahnen schwenkt: täterätätä! / Ratsherr Heinrich Velsbach, wau, wau / wau, wau, wau, wau, / Ratsherr Heinrich Velsbach! Schnätteräntan, / schnätteräntän, schnätteräntäntäntän.«

1 Wartburg-Tafelrunde. Lieder der Wartburg-Gemeinde. »Zugeeignet« von GUSTAV AXMANN. München 1926.
2 Für ausführliche Informationen zum Bund der Thüringer Berg-, Burg- und Waldgemeinden siehe: RÜDIGER HAUFE: Geistige Heimatpflege – Der »Bund der Thüringer Berg-, Burg- und Waldgemeinden« in Vergangenheit und Gegenwart. In: JOACHIM RADKAU, FRANK UEKÖTTER (Hrsg.): Naturschutz und Nationalsozialismus. Frankfurt 2003, S. 435–445, hier S. 437f.
3 Friedrich Adolf Hermann Nebe (1877–1961).
4 Die Thüringer Monatsblätter. Zeitschrift des Thüringerwald-Vereins e.V. erschienen von 1893 bis 1939 monatlich in

Eisenach und beinhalteten volkskundliche, heimatgeschichtliche, historische und naturkundliche Themen, vor allem des Thüringer Raumes.
5 Siehe zur Einordnung Hermann Nebes ausführlich: RÜDIGER HAUFE: »Männer von Thüringens Pforte« – Akteure eines bildungsbürgerlichen Netzwerkes im 20. Jahrhundert. In: Zeitschrift des Vereins für Thüringische Geschichte 57 (2003), S. 205–234, hier S. 213.
6 HERMANN NEBE: *Wartburg-Lied*. In: Wartburg-Tafelrunde (wie Anm. 1), S. 7.
7 JOSEF VICTOR VON SCHEFFEL: *Als die Römer frech geworden*. 1848.

Der Eisenacher Franz-Schubert-Chor trat bereits 1965 das erste Mal und von da an beinahe jährlich auf der Wartburg auf. Im Rahmen der 11. Wartburgtage der Arbeiterjugend 1987 sieht man die Sänger bei ihrem Auftritt im ersten Burghof.

»Von Sagen umwoben, in Schönheit erbaut« – Die Wartburg in konzertanten Kompositionen des beginnenden 20. Jahrhunderts

Daniel Miksch

Neben den wartburgbezüglichen Liedern aus dem Wander- und Heimatkontext, deren volkstümliche Vertonungen vor allem für das gemeinsame Singen beim Wandern und während geselliger Zusammenkünfte geeignet waren, sind zum Ende des 19. und in den ersten Jahrzehnten des 20. Jahrhunderts auch einige Musikstücke veröffentlicht worden, in denen einzelne Komponisten ihrer Wartburgverehrung in zum Teil anspruchsvollen Liedern mit manchmal überschwänglichen Texten oder reinen Instrumentalwerken Ausdruck verliehen. Die für Gesang und Klavier-, Orgel- und Harmoniumbegleitung oder als reine Klavierstücke komponierten Werke legen die Aufführung in einem konzertanten Rahmen nahe.

Wartburg-Archiv und -Bibliothek verwahren einige dieser heute kaum mehr wahrgenommenen Kompositionen, unter denen zunächst Camillo Schumanns *Morgenandacht auf der Wartburg*, das erste Werk aus den acht Fantasiestücken für Klavier mit dem Titel *Skizzen aus dem Thüringerwald*, zu nennen ist (Abb. 1). Der heute weitgehend unbekannte spätromantische Komponist, seit 1896 Organist an der Georgenkirche in Eisenach und an der Wartburgkapelle, schuf seine *Skizzen* als »durchweg programmatisch gestaltete[n] Zyklus« im Jahr 1904.[1]

Wohl nicht an die Qualität von Schumanns Werken heranreichend, aber mit umso größerer Hingabe komponiert und getextet, erscheinen die Stücke des Eisenacher Konzert- und Oratoriensängers Carl Hugo Müller. Das *Lied an die St. Elisabethen-Kemenate auf der Wartburg* für mittlere Singstimme mit Orgel-, Harmonium- oder Klavierbegleitung ist dem Leben, Wirken und Leiden der heiligen Elisabeth gewidmet (Abb. 2). Ein eigenes *Wartburg-Lied* endet mit der hingebungsvollen Finalstrophe: »Wonne erfüllt meine Seele / Schau' ich dein liebliches Bild / Wälderbegrenzt, heil'ge Stelle / Hort deutscher Sitten und Kunst.«[2] Den mit Fortissimo »ff« gekennzeichneten Marsch *Auszug der Wartburgritter*[3] widmete er dem 1922 gegründeten Verein der »Freunde der Wartburg«.

Abb. 1:
Skizzen aus dem Thüringerwald Stück Nr. 1: *Morgenandacht auf der Wartburg* Komponiert von Camillo Schumann Langensalza Wartburg-Stiftung Bibliothek

Ebenso wie Otto Keiling den rein instrumentalen Marsch *Auf zur Wartburg*,[4] hat auch Ludwig Treiber das von ihm komponierte und getextete Lied *Gruß eines Churpfälzers an die Schwester-stadt Eisenach* dem damaligen Burghauptmann Hans Lucas von Cranach gewidmet. Treiber singt hier über seine Eisenacher Zeit, die hiesige Gastfreundschaft und davon, dass von der Wartburg »in die Welt ein starkes frommes Leuchten [drang], ein Morgenrot, wie wir's noch nie erlebt«.[5]

Ungleich berühmter sind wohl Paul Lincke und Heinrich Bolten-Baeckers mit dem 1934 von ihnen geschaffenen *Wartburg-Lied. Du herrliche Wartburg im Thüringer Land* geworden, in dem neben den historischen Themen ebenfalls die Wartburg als »Lichtburg von Deutschland« besungen und mit den Zeilen »von Sagen umwoben, in Schönheit erbaut« gewürdigt wird (Abb. 3).[6] Der berühmte Berliner Operettenkomponist Lincke hat sein Lied 1934 Burghauptmann Hans von der Gabelentz gewidmet.

1 Camillo Schumann: Skizzen aus dem Thüringerwald. Ein Cyklus von 8 Fantasiestücken für Klavier. Stück 1: Morgenandacht auf der Wartburg. Langensalza 1904, Opus 23; siehe zum Komponisten, seinem Werk und den Skizzen aus dem Thüringerwald die Webseite http://www.romanmusprod.de/werkbeschr/8175179ebd122da02/index.html (Stand: 27.2.2020).
2 Carl Hugo Müller (1868–1935): Lied an die St. Elisabethen-Kemenate auf der Wartburg – für mittlere Singstimme mit Orgel, Harmonium- oder Klavierbegleitung. Fulda 1920, 2. Aufl., 2 Bl. sowie Ders.: Wartburg-Lied. Für mittlere Sing-

stimme mit Klavierbegleitung. Eisenach (Selbstverlag) o. J., 6 Bl.
3 Carl Hugo Müller: Auszug der Wartburgritter. Departure of the Knights of the Wartburg – Marsch für Pianoforte komponiert. Eisenach o. J.
4 Otto Keiling: Auf zur Wartburg. Marsch. Eisenach 1924, 1 Bl.
5 Ludwig Treiber, H. Treiber: Gruß eines Churpfälzers an die Schwesterstadt Eisenach – aus: »Alt Heidelberg.« – vertont für Gesang und Klavier. Heidelberg 23.6.1925, 9 S.
6 Wartburg-Lied. Du herrliche Wartburg im Thüringer Land. Worte von Heinrich Bolten-Baeckers, Musik von Paul Lincke, Berlin 1934, 2 S.

»Ich habe ein ganz besonderes Erlebnis gehabt: Mitte der 80er Jahre war ich als Teenager mit meinen Eltern auf einer Reise in die DDR. Wir haben uns die kulturell wichtigen Orte angeschaut, darunter war auch die Wartburg in Eisenach. Ich weiß noch, dass wir eine Führung bekamen und als West-Touristen unter großer Aufsicht standen. Ich stand hinten an der Absperrung im Festsaal, den Saal durfte man damals nicht durchschreiten. Und ich dachte so bei mir, was wäre das für ein Traum, einmal auf dieser Bühne zu spielen. Das war aber für mich zu diesem Zeitpunkt, erstens

hinsichtlich der Teilung Deutschlands, und zweitens, da das Klavierspielen für mich zwar schon Lebenstraum, aber noch nicht gelebte Realität war, in weiter Ferne. Und als ich dann in den 90er Jahren das erste Mal hier auftreten durfte, wären mir auf der Bühne fast die Tränen gekommen, weil ich mich an diesen Moment so stark erinnerte und er tatsächlich Wahrheit geworden war. Ich kann heute nicht den Festsaal betreten ohne die Erinnerung an diesen Moment vor mittlerweile 35 Jahren.«

RAGNA SCHIRMER, Interview 2019

Die *Wartburggesänge* von Max Raebel
nach Texten von Hermann Nebe

Grit Jacobs

Für die einen war Max Raebel ein außergewöhnliches Universaltalent – »Musiker, Tonschöpfer, Maler, Landkartenzeichner, Lichtbildner, Schriftsteller, Redner, Sprachgenie, Sportheld und Nordlandfahrer«.[1] Andere, kritische Betrachter bezeichnen Leben und Werk des zweifelsohne ungewöhnlichen Mannes als »ambivalent« – »unruhig und ewig suchend, viel begehrend und doch nicht alles erreichend.«[2] Tatsächlich betätigte sich der bis heute nur noch Wenigen bekannte Max Raebel auf allen Gebieten, in denen seine Bewunderer ihm Meisterschaft bescheinigten. So sind seine sportlichen Rekorde, etwa der Rennsteiglauf von Eisenach nach Blankenstein in 34 Stunden im Jahr 1914, durchaus messbar. Die eindrucksvollen Landschaften, die ihm auf seinen zahlreichen Nordlandreisen begegneten, hielt er (wie auch sehr häufig sich selbst) in eigenen Fotografien fest. Was eine fotografische Aufnahme damals nicht zu leisten vermochte – das Nordlicht in seiner schillernden Farbigkeit wiederzugeben –, bannte er mit Pinsel und Fingern in Aquarell auf Karton. Neben häufig in Zeitschriften veröffentlichten Artikeln über die unterschiedlichsten Themen hat er Wanderern eine *Anleitung zum Zurechtfinden im Gelände* mit Hinweisen zum richtigen Gebrauch von Karte und Kompass in die Hand gegeben und einen *Rhönführer* für Skisportler verfasst.[3]

Vor allem aber seiner musikalischen Leidenschaft blieb er zeitlebens treu. Nach seiner durch einen Schulverweis unvollendet gebliebenen Ausbildung an der Großherzoglichen Musikschule in Weimar wandte er sich 1894 aus dem schwedischen Karlskrona an Edvard Grieg und sandte dem Komponisten ein in Verehrung gewidmetes Musikstück. Der Meister solle sich jedoch Raebels »Persönlichkeit nicht als vollkommenen Componisten« vorstellen: »sondern ich bin noch ein Anfänger und mein einziger Wunsch wäre noch zu studieren und zwar bei Ihnen«.[4] Inwieweit dieser Wunsch Wirklichkeit wurde, muss bisweilen noch späterer Forschung überlassen bleiben. In Briefkontakt stand Raebel mit dem Komponisten,[5] und vor allem in seinen Kompositionen hat er immer wieder seiner Leidenschaft für Griegs nordische Musik Ausdruck verliehen und die Einflüsse seiner Aufenthalte in Schweden und Norwegen verarbeitet.

1959 hat sich Herbert Eilers an die Begegnungen seiner Jugendzeit in Eisenach erinnert und geschildert, wie er in der guten Stube von Raebels »Einsiedlerwohnung« saß, deren Atmosphäre zunächst vom väterlichen Flügel und einer Beethoven-Büste bestimmt war.[6] In diesem Reich der Musik lauschten er und seine Freunde Raebels Klavierspiel: Es »vergingen Zeit und Raum, unter den Händen des großen Könners perlten die schwermütigen Klänge Griegscher Musik auf, dann folgten Kompositionen, geschult an dem großen nordischen Meister, ebenfalls getragene, volksliedhafte Weisen, oft der überlieferten Volksmusik der nordischen Länder entnommen und weitergebildet.« Raebel spielte einige seiner Klavierwerke, wie den *Huldigungsmarsch an Edvard Grieg* oder *Norwegisches Hochland*, eine Suite nach eigenen Liedern, während die Jungen in Bündeln meist handgeschriebener Noten blättern durften.

Herbert Eilers offenbarte auch, dass Raebel das Wartburgwerk von Max Baumgärtel, ein Geschenk der Wartburg-Stiftung für den »Künder der Thüringer Landschaft in den fernen skandinavischen Ländern«, in seiner Wohnung verwahrte, den Knaben anhand der Abbildungen

Abb. 1:
Max Raebel in
Wandermontur
mit der Wartburg
im Hintergrund
Stadtarchiv Eisenach
Bestand 41.2/8201

verborgene Schönheiten und kleine und große Kunstwerke der Burg zeigte und augenzwin-
kernd zu berichten wusste, dass schon Vater Raebel »für das Pirckheimer-Stübchen einen
Federkiel geschnitten habe, den Fremden auch in den Dessins die echte humanistische Ge-
lehrtenstube vorzuweisen« (Abb. 1).

Die Sammlungen der Wartburg erweisen, dass die alte Feste auch den Zeichner und Komponisten Raebel inspirierte. In zwei Aquarellen ließ er die golden leuchtende Burg in der für
ihn typischen, tiefblauen Farbigkeit der Nordlichtaquarelle erstrahlen (Abb. 2). Aus seiner Be-
kanntschaft mit dem Burgwart der Wartburg, Hermann Nebe,[7] erwuchsen schließlich sechs

Liedkompositionen, deren handschriftliche Notenblätter im Wartburg-Archiv verwahrt werden. Unter dem Titel *Wartburggesänge* op. 45 vertonte der Komponist sechs Gedichte, die Nebe bereits um 1925 in seiner 18 Gedichte umfassenden Sammlung *Wartburg Heil! Gedichte und Stimmungen* veröffentlicht hatte. Datiert sind die sechs Lieder nicht, doch müssen sie zwischen 1931, als ein Werkverzeichnis Raebels publiziert wurde,[8] und 1933 entstanden sein. Zu einer Lutherveranstaltung des Thüringerwald-Vereins in Eisenach zu Ehren des 450. Geburtstages des Reformators 1933 hielt Hermann Nebe einen Vortrag über Luthers Weg von Worms zur Wartburg. Max Raebel spielte eigene Kompositionen, unter anderem das *Trutzlied*, das zu den *Wartburggesängen* zählt.[9] Sämtliche Lieder bot Raebel im März 1934 zur Versammlung des Zweigvereins Ohrenstock dar und »Begeisterung war die einhellige Antwort der Wanderbrüder.«[10] Das rauschende Stiftungsfest des Zweigvereins Eisenach im gleichen Jahr bot eine weitere Möglichkeit der Aufführung der *Wartburggesänge,* gesungen von einem Bariton, begleitet vom Komponisten am Klavier.[11]

Hermann Nebes nahezu hymnisch anmutendes Gedicht *Wartburg Heil!* hatte Kurt Thiem, der vor allem auch durch seine Liedkompositionen von Gedichten von August Trinius hervorgetreten ist, bereits für das 1927 erschienene *Liederbuch des Thüringerwald-Vereins* vertont. In den *Wartburggesängen* reihte es Raebel als Nr. 1 in die durchaus nicht als Wanderlieder tauglichen Gesangsstücke mit anspruchsvoller Klavierbegleitung ein (Abb. 3). Dieses, wie auch das Lied *Tannhäuser,* geben mit »maestoso« eine würdevolle und erhabene Vortragsart vor. »Tranquillo« (ruhig) erklingt der fast wehmütige Abgesang auf den Sommer im Lied *Hoffnung* und während die auch schon im Text deutlich heiterer anmutenden Gesänge *Bergsang* mit »Rasch den Rucksack aus dem Spind« und *Wartburg* mit »Hussa ho! Das Jagdhorn schallt« lebhafte Stücke sind, entspricht das »con fuoco« im *Trutzlied* wohl der aufgewühlten Stimmung, mit der der Komponist den Text von Nebe begleitet, in dem Martin Luther den Choral *Ein feste Burg ist unser Gott* während eines tosenden Schneesturms von den Zinnen der Wartburg schmettert.

Abb. 3:
Manuskript des
Liedes *Wartburg Heil*
von Max Raebel
op. 45, Nr. 1
Text von
Hermann Nebe
Wartburg-Stiftung
Archiv

1 Zitiert nach Heinrich Alexander Winkler: Max Raebel. In: Männer von Thüringens Pforte (Thüringer Heimatschriften. Reihe 2). Flarchheim 1931, S. 81–95, hier S. 82f.; siehe Heinrich Weigel: Max Raebel, das Universaltalent. In: Heimatblätter 1994. Marburg 1994, S. 119–124, hier S. 119.
2 Siehe zur Biografie und Einordnung Max Raebels den Beitrag von Reinhold Brunner: Wer war Max Raebel? in diesem Band.
3 Siehe hierzu Winkler 1931 (wie Anm. 1), S. 94.
4 Max Raebel an Edvard Grieg, 13.9.1894. Bergen, offentlige Bibliothek, Griegsamlingen, Nr. 0326946.
5 Darauf verweisen die in der Bibliothek Bergen (siehe Anm. 4) verwahrten Briefe.
6 Siehe auch für das Folgende: Herbert Eilers: Erinnerungen an Max Raebel. In: Thüringer Tageszeitung, 25.4.1959, zitiert nach Weigel 1994 (wie Anm. 1), S. 121f.
7 Zur Person Hermann Nebes siehe Rüdiger Haufe:

»Männer von Thüringens Pforte« – Akteure eines bildungsbürgerlichen Netzwerkes im 20. Jahrhundert. In: Zeitschrift des Vereins für Thüringische Geschichte 57 (2003), S. 205–234 und den Beitrag von Daniel Miksch: »Und weiter kreist die Kanne im Wartburgzauberbanne« – Die Lieder der *Wartburg-Tafelrunde* in diesem Band.
8 Winkler 1931 (wie Anm. 1), S. 92f.
9 Thüringer Monatsblätter. Zeitschrift des Thüringerwald-Vereins 1880 e.V.; Nachrichten aus dem Thüringer Wanderverband, 41. Jg., Nr. 12, 1933, S. 206.
10 Thüringer Monatsblätter. Zeitschrift des Thüringerwald-Vereins 1880 e.V.; Nachrichten aus dem Thüringer Wanderverband, 42. Jg., Nr. 3, 1934, S. 53.
11 Thüringer Monatsblätter. Zeitschrift des Thüringerwald-Vereins 1880 e.V.; Nachrichten aus dem Thüringer Wanderverband, 42. Jg., Nr. 6, 1934, S. 119.

VI Wer war Max Raebel?

Reinhold Brunner

Biographisches

Zahlreiche Zuschreibungen hat Max Raebel, der Komponist der *Wartburggesänge,* im Laufe seines Lebens von den Autoren, die über ihn berichteten, erhalten: Universaltalent, Nordlandfahrer, verkanntes Genie. Was hinsichtlich seiner Biographie als gesichert gelten kann, ist Gegenstand der nachfolgenden Zeilen.

Am 27. Juni 1869 erblickte er als zweites Kind des Ehepaares Johann Heinrich Ferdinand und Emma Laura Emilie Raebel, geb. Schröder, in Bielefeld das Licht der Welt. Vater Ferdinand war Musiker; die Mutter, Tochter eines Musiklehrers, eine begabte Pianistin. Nach kurzen Intermezzi in Krefeld und Trier zog die Familie um 1878 nach Eisenach. Das hier zu Beginn des Jahres 1879 eröffnete Theater bot dem Vater endlich ein dauerhaftes Auskommen.[1] Raebels wohnten zunächst in der Georgenstraße 15; 1887 waren sie im Ackerhof 4, heute Sophienstraße zwischen Henkelsgasse und Jakobsgasse, gemeldet, ehe sie ab 1890 in das Haus Jakobsplan 1 zogen. Das Gebäude wurde zum langjährigen Wohnsitz, in dem Max schließlich auch 1946 seine letzten Lebenswochen verbrachte.

Raebels Einschulung in der Ersten Eisenacher Bürgerschule am Markt 13 unter dem Rektorat von Eduard Kögler erfolgte zu Ostern 1880. Zu den Lehrern, die – betrachtet man den weiteren Lebensweg – sein Denken und Handeln ganz ohne Zweifel beeinflusst haben, gehörten August Nikolaus Herbart (1851–1936), Prof. Friedrich Philipp Emil Haertel (1835–1904), Hermann Burckhardt (1837–1914) und Gustav Peter. Sportlehrer Herbart weckte Raebels Begeisterung für jedwede Art sportlicher Betätigung, die sein Leben prägte. Außerdem trat er als Heimatdichter, der sich insbesondere der kargen Landschaft der Rhön verschrieben hatte, in Erscheinung. Auch Burckhardt, Verfasser von Gedichten in Eisenacher Mundart *(Isenächer Geschichd'n),* und Gustav Peter, Vater des begeisterten Heimathistorikers Hugo Peter, dürften das Heimatempfinden des jungen Raebel nachhaltig beeinflusst haben. Zeichenlehrer Haertel weckte schließlich seine spät entdeckte Leidenschaft für Malerei.[2]

Von September 1888 bis spätestens Ostern 1893 lernte Max an der Großherzoglichen Musikschule in Weimar, wo er wechselnd im Haupt- und Nebenfach Klavier, Violine und Viola studierte. Zu Ostern 1893 verwies man ihn mit zwei weiteren Eleven der Schule. Über die Gründe ist nichts bekannt, und Zeugnisse Raebels aus dessen Musikschulzeit sind nicht überliefert.[3]

Sein nun folgendes Leben entzieht sich der klassischen bürgerlichen Berufsbiographie mit Anstellungen, Institutionen, Lebensläufen, amtlichen Dokumenten. Zunächst ging er 1893 nach Stockholm, wo er im dortigen Ensemble Gellrich[4] als Musiker wirkte. Um 1900 kam er nach Norwegen.[5] Nachweisbar ist er 1902 in Tromsø. 1903 wurde er musikalischer Leiter des Hjorten Revue- und Varieté-Theaters in Trondheim. Nach einem Streit mit dem Direktor des Hauses verließ er die Bühne Mitte 1905 wieder und besorgte kurzzeitig die Musik für den Filmschaffenden Paul Kräusslich.[6] In der Folgezeit verdiente er seinen Lebensunterhalt als freier Musiklehrer in Trondheim.

Zwischen 1893 und 1914 hatte Raebel seinen Lebensmittelpunkt in Skandinavien (Abb. 1). Es scheint, als habe er erst nach dem Tod der Mutter, die am 23. April 1914 73jährig gestorben war, seinen Wohnsitz, den er dann bis zu seinem Lebensende behielt, nach Eisenach verlegt.[7] Mit Ausbruch des Ersten Weltkrieges stellte er sich der ersten Skiabteilung der Jugendwehr als

Abb. 1:
Max Raebel vor der
von ihm errichteten
Hütte Trollheim an
der Südseite von
Gråkallen, dem
zweithöchsten Berg
auf dem Gebiet
der Stadt Trondheim
Stadtarchiv Eisenach
Bestand 41.2/8173

Ausbilder zur Verfügung, »die er in allerlei Sport- und Wehrhaftmachung ertüchtigte.«[8] 1916
folgte seine Einberufung zum Militär. Anscheinend gelang es ihm jedoch, den Waffendienst
eher »musikalisch abzuleisten«. Jedenfalls bemerkte er in einem 1921 geführten Interview unter
anderem: »Aber die Offiziere entdeckten schnell, dass ich Klavier spielen kann, also kam ich
davon und musste nicht mit bei den Kanonen sein.«[9] Im Verlauf des Jahres 1917 geriet er in

französische Kriegsgefangenschaft und von hier-
aus wohl dann schließlich zurück nach Eisenach.

Nach Ende des Ersten Weltkrieges fiel es Raebel
nicht leicht, hier wieder Fuß zu fassen. Inzwischen
49 Jahre alt, gab es für ihn wenige Betätigungs-
felder, die seinen Neigungen entsprachen. Die
Adressbücher nach dem Krieg weisen ihn zunächst
als »Musiklehrer« (1920–1924), dann als »Musiker«
(1925) und schließlich als »Komponist« (ab 1927)
aus. Raebel erzählte 1921 in diesem Zusammenhang einem skandinavischen Journalisten:

»Oh ja, ich war außergewöhnlich produktiv. Ich
habe in acht Tagen Musik für 13 Lieder geschrieben. Davon mehrere Lieder für Casparis ›norwegische Hochgebirge‹. Außerdem habe ich im Frühjahr eine Symphonie komponiert – auf 120 eng
geschriebenen Partiturblättern.«[10]

Auch Vorträge in Deutschland und Norwegen zählten zu seinen Einkommensquellen. Doch
schon zu Beginn der 1920er Jahre, auch bedingt durch den wirtschaftlichen Notstand im Gefolge des Krieges, zeichnete sich eine Entwicklung ab, die Raebels letzte Lebensjahrzehnte prägen würde. Ohne feste Anstellung, ohne festes Einkommen, immer auf die Hilfe Dritter
angewiesen, fristete er materiell gesehen ein armseliges Dasein. Am 9. September 1922 veröffentlichte Trondhjems Adresseavis einen Hilferuf, in dem Raebel seine prekäre wirtschaftli-
che Lage schilderte, und im Juni 1931 gründete sein Freund und Verehrer Karl Alexander
Winkler eine Hilfsaktion, da Max Raebel »unverschuldet in größte Not geraten«[11] sei. Materielle Unterstützung erhielt er auch vom Fabrikanten Kommerzienrat Paul Hopf aus Tambach-
Dietharz, vom Inhaber des Oberhofer Hotels »Schilling« und weiteren Unternehmern (Abb. 2).[12]

Ob materielle Not und die Hoffnung auf Besserung unter neuen politischen Verhältnissen
Raebel veranlassten, zum 1. Oktober 1932 der NSDAP beizutreten,[13] kann nicht mit Sicherheit
gesagt werden. Belegt ist, dass er vom Reichspropagandaminister Joseph Goebbels Unterstützung erwartete.[14] Wohl hat ihn der »neue Staat« nach 1933 wohlwollend in seine Ideologie
integriert. Sein »nordisches Faible«, sein »Germanentum« passte nur allzu gut in das geistige
Grundgerüst des Nationalsozialismus. Unter anderem feierte ihn die Thüringer Gauzeitung
aus Anlass seines 70. Geburtstages als »Künder des nordischen Geistes in der Musik.«[15] Auch die
norwegischen Nationalsozialisten beanspruchten Raebel als einen von ihnen. Am 29. Juni 1944
wurde seine Komposition *Stiklestadslaget* bei der in Gegenwart des norwegischen NS-Führers
Vidkun Quisling vollzogenen Einweihung der Olavsbautaen, einem NS-Denkmal, in Stiklestad
aufgeführt.[16]

Die letzten Lebensmonate sind für Raebel nicht leicht gewesen. Aus eigenem Erleben schilderte Herbert Eilers das herannahende Ende: »Wir fanden ihn, krank und dem Verhungern
nahe, von mitleidigen Händen ärztlicher Betreuung übergeben, im Diakonissenkrankenhaus
wieder«[17], wo er wenig später starb. Seine Verehrer widmeten ihm einen kurzen Nachruf:
»Der Nordlandfahrer und Komponist verschied nach kurzem schwerem Leiden im Kranken-
haus zu Eisenach am 19. August 1946 im 72. Lebensjahr. Mit ihm ist eine Künstlerpersönlichkeit
dahingegangen, deren Name weit über die Grenzen unserer Wartburgstadt hinaus bekannt
und berühmt war.«[18]

Künstlerisches – Schriftstellerisches – Forschendes – Sportliches

Max Raebel hat es als Musiker und Komponist nie in die »erste Reihe« geschafft. In den ein-schlägigen Lexika fehlt sein Name. Ein Verzeichnis der musikalischen Werke bis zum Jahr 1931 listet Winkler auf;[19] ein komplettes Werkverzeichnis fehlt bis heute. Drucke seiner Kompo-sitionen sind an verschiedenen Stellen, insbesondere im skandinavischen Raum, zu finden (Abb. 3). Hier werden Raebels Lieder bis heute geschätzt – seine norwegischen Tänze oder seine Hymne an die isländische Sprache. Er engagierte sich auch für die Pflege musikalischer Traditionen in Skandinavien selbst. So geht auf ihn die Idee zurück, Ibsens Komposition *Peer Gynt* unter freiem Himmel aufzuführen, um auf diese Weise den kleinen Ort Vinstra zu einem norwegischen Oberammergau zu machen.[20]

Abb. 3:
Klavierpartitur zu
Raebels Werk Nr. 43
Thule, erschienen
um 1930 im Isländi-
schen Verlag Reykjavik
Gamalielssonar
Stadtarchiv Eisenach
Bestand 41.2/8156

Immer wieder als Universaltalent beschrieben, gehörte auch die Malerei zu Raebels künst-lerischen Ausdrucksformen, wobei es insbesondere das Motiv des »Nordlichtes« war, das ihn faszinierte (Abb. 4). Gleichwohl seine Bilder »Freunde und Liebhaber in allen Erdteilen« fan-den und »in Universitätsinstituten, in Schulen, in geographischen Zeitschriften«[21] gesammelt wurden, kann von einem geschlossenen Werk im Sinne einer schöpferischen Gesamtleistung bei Raebel keine Rede sein.

Auch Raebels schriftstellerische Arbeit muss eher als fragmentarisch bezeichnet werden. Sehr viel Schriftliches macht dieses Œuvre nicht aus. Gleichwohl ihm auch hier sein Verehrer Winkler eine »Unzahl an Aufsätzen [...] über Fragen des Wanderns, des Wintersports, der Wet-terkunde, über Peer Gynt, den Norden, seine Reisen und vieles andere in deutschen und nor-wegischen Blättern«[22] bescheinigte und so den Ruf eines gebildeten Forschungsreisenden begründete, ist das, was Winkler dann als wesentliches schriftstellerisches Werk Raebels listet, eher bescheiden. Ohne Frage stand er jedoch mit namhaften Wissenschaftlern, Künstlern und Forschungsreisenden seiner Zeit in Verbindung. Genannt seien hier unter anderem: Frederik Carl Mülertz Størmer (1874–1957), norwegischer Mathematiker und Geophysiker, Svante August

Abb. 4:
Das immer wieder-
kehrende Motiv
»Nordlicht« – 1932
von Max Raebel
geschaffen
Kreide auf Velour-
papier
Wartburg-Stiftung
Kunstsammlung
Inv.-Nr. G2251

Arrhenius (1859–1927), schwedischer Physiker, der 1903 den Chemie-Nobelpreis erhielt, Edvard Grieg (1843–1907), norwegischer Pianist und Komponist, Salomon August Andrée (1854–1897), schwedischer Ingenieur und Polarforscher oder Fridtjof Wedel-Jarlsberg Nansen (1861–1930), norwegischer Zoologe und Polarforscher. Raebel suchte sicher den wissenschaftlichen und künstlerischen Austausch, ohne selbst den Anspruch zu erheben, Wissenschaftler zu sein.

Freudig-laienhaftes Interesse prägten Raebels Nordlandfahrten. Fast naiv erklärte er in einem Interview einem Journalisten, »dass ich seit meinem 10. Lebensjahr Sehnsucht danach hatte, nach Norwegen und Island zu kommen. Ich bilde mir nämlich ein, dass ich von einem isländischen, einem nordischen Häuptling abstamme.« Auch sein Biograph Winkler findet im Grunde keine plausible Erklärung für dessen Nordland-Affinität, die er als »eines jener großen Rätsel der Anlage, die nie durch wissenschaftliches Zerlegen gelöst werden« kann, bezeichnete.[23]

Doch kam Max Raebels Leidenschaft für Skandinavien nicht von Ungefähr. Die Zeit des Deutschen Kaiserreichs war von einer erkennbaren Annäherung zwischen Deutschland und den skandinavischen Ländern gekennzeichnet,[24] die selbst den Kaiser erfasst hatte, der für Raebels norwegische Tänze schwärmte. Dieser Annäherung folgte der junge Nordlandfahrer mit ungewöhnlicher Konsequenz und Leidenschaft. Bereits während seines Aufenthaltes in Stockholm besuchte er 86 Städte in Skandinavien. Mehrfach reiste er nach Island, zuerst 1901, zuletzt 1930. Die Färöer Inseln sah er erstmals 1901, auch hierhin kehrte er mehrmals zurück. Er unternahm insgesamt sechs Fahrten nach Spitzbergen und bereiste 1908 die Arktis. Nach Auskunft des Stadtarchivs Trondheim war Raebel 1943 zum 57. und letzten Mal in Norwegen.[25]

Ein solches »Expeditionsprogramm« war nur bei gesunder Physis zu bewältigen. Und die darf Raebel für die meiste Zeit seines Lebens bescheinigt werden, wofür seine sportlichen Höchstleistungen an dieser Stelle abschließend genannt werden mögen: 1891 wanderte er zu Fuß in zweieinhalb Tagen 327 Kilometer von Weimar nach Münster, allein am letzten Tag 131 Kilometer in einem Zug. 1897 führte ihn eine siebentägige Skitour über 420 Kilometer durch Nordschweden, was einem Schnitt von 65 Kilometern pro Tag entspricht (Abb. 5). Sein Rennsteigrekord – 171 Kilometer von Hörschel nach Blankenstein in 34 Stunden –, den er im Sommer 1914[26] aufstellte, wurde erst 1993 gebrochen.

Ambivalent ist wohl der Begriff, mit dem Max Raebels Leben und Werk am ehesten umschrieben werden kann. Es war ein für die damalige Zeit ungewöhnlicher, unkonventioneller Lebensentwurf, unruhig und ewig suchend, viel begehrend und doch nicht alles erreichend. Seine frühen Biographen haben ihn völkisch konnotiert, die späteren faszinierte vor allem seine intendierte Universalität. Im kollektiven Gedächtnis Skandinaviens ist er bis heute stärker verankert als in der deutschen Erinnerung. Ob die am 31. Juli 2018 in seiner Geburtsstadt Bielefeld eröffnete Bar, die bewusst seinen Namen wählte, daran etwas ändern wird, bleibt abzuwarten.

1 Die Angaben zum familiären Hintergrund, zur Geburt Max Raebels und zu den frühen Lebensstationen der Familie entstammen folgenden Quellen: Deutsches Geschlechterbuch (Genealogisches Handbuch Bürgerlicher Familien). Bd. 114 (Thüringisches Geschlechterbuch, Bd. 2). Görlitz 1942, S. 569ff; Auskunft des Landeskirchlichen Archivs der Evangelischen Kirche von Westfalen vom 2.12.2019; Auskunft des Stadtarchivs Bielefeld vom 29.11.2019; Auskunft des Stadtarchivs Krefeld vom 3.12.2019; Auskunft des Stadtarchivs Trier vom 11.12.2019.

2 Zur Einschulung: Stadtarchiv Eisenach, 21.6. Nr. 5, Hauptbuch für die 1. Bürgerschule – Knaben und Mädchen, mit Namensregister 1856–1882, Bl. 154; zu den Lehrern: Adressbücher der Stadt Eisenach, 1885 und 1887 sowie Eisenacher Persönlichkeiten. Ein biographisches Lexikon für die Stadt Eisenach. Hrsg. von der Stadt Eisenach und dem Urania Kultur- und Bildungsverein Gotha e.V. Eisenach 2004.

3 Auskunft der Hochschule für Musik FRANZ LISZT Weimar, Hochschularchiv/THÜRINGISCHES LANDESMUSIKARCHIV vom 25.11.2019 an den Verfasser.

4 Constantin Gellrich (1843–1916), ein deutsch-schwedischer Musiker, führte seit 1894 als »Konzertreisender« eine eigene Kapelle in Schweden.

5 Interview mit Raebel in der Zeitung Nord-Trøndelag vom 24.6.1921. An dieser Stelle dankt der Verfasser Frau Jacqueline Scholz, die die Übersetzungen der norwegischen Quellen ins Deutsche besorgt hat.

6 Paul Kräusslich (1862 geb.) ist einer der Filmpioniere Norwegens. Neben eigenen Produktionen führte er auch ausländische Filme in Norwegen vor.

7 Raebel ist erstmals 1915 im Eisenacher Adressbuch nachgewiesen.

8 Eisenacher Tagespost, 8.1.1934.

9 Interview in der Zeitung Nord-Trøndelag, 24.6.1921.

10 Ebenda.

11 HEINRICH ALEXANDER WINKLER: Max Raebel, der Künstler und Nordlandfahrer: Sonderdruck der Raebel-Hilfe, Flarchheim 1931, n. p.

12 Vgl. HEINRICH WEIGEL: Max Raebel, das Universaltalent. In: Heimatblätter zur Geschichte, Kultur und Natur. Kostenlose Beilage zur Eisenacher Presse, Folge 48/1994, n. p.

13 Bundesarchiv Berlin, NSDAP-Gaukartei R 9361-IX-Kartei/33611239.

14 Max Raebel an Frau Rinke (wohl die Ehefrau des Architekten Paul Rinke aus München, mit dem Raebel in Kontakt stand) am 20.11.1939. Das Original der Postkarte befindet sich im Besitz des Eisenachers Karlheinz Büttner, der sie in Kopie dem Verfasser zur Verfügung stellte.

15 Thüringer Gauzeitung, 7.1.1944.

16 Adresseavisen, 31.7.1944.

17 HERBERT EILERS: Erinnerungen an Max Raebel. In: Thüringer Tageszeitung, 25.4.1959.

18 Gleichlautend in Thüringische Landeszeitung vom 24.8.1946 und Das Volk vom 27.8.1946. Hervorhebung vom Verfasser.

19 Max Raebel. In: HEINRICH ALEXANDER WINKLER: Männer von Thüringens Pforte (Thüringer Heimatschriften. Reihe 2). Flarchheim 1931, S. 81–95, hier S. 92f.

20 Vgl. »Hvor udgangspunktet er galest, blir tidt resultatet originalest« Peer Gynt-stevnet sett i lys av plass- og adaptasjonsteori av Hildegunn Iverstuen Weiby. Masteroppgave i nordisk litteratur Institutt for lingvistiske og nordiske studier Universitetet i Oslo Våren 2010, S. 45.

21 Erstes Zitat: Thüringer Gauzeitung, 7.1.1944, zweites Zitat: Thüringer Staatszeitung, 8.1.1934.

22 WINKLER, Männer von Thüringens Pforte (wie Anm. 19), S. 94.

23 Ebenda, S. 83.

24 Vgl. RAIMUND WOLFERT: Die Geschichte der deutsch-skandinavischen Beziehungen. URL: https://www.bbsr.bund.de/SiteGlobals/Forms/Suche/BBSR/DE/Servicesuche_Formular.html;jsessionid=3CDA69B046661739681372E021CC22ED.live11291 (Stand: 22.1.2020), S. 22ff.

25 Auskunft des Stadtarchivs Trondheim an den Verfasser vom 27.11.2019. Demgegenüber behauptete die Eisenacher Tagespost am 11.3.1933, dass Raebel im April zu seiner 93. Reise nach Norwegen aufbrechen werde.

26 WINKLER, Raebel (wie Anm. 11), S. 7 datiert den Rekord auf Sommer 1914, WEIGEL, Raebel (wie Anm. 12) auf 1913.

Im Rahmen der Thüringer Bach- und Luthertage vom 24. bis 28. Mai 1935, die in diesem Jahr gleichzeitig die Wartburg-Maientage des Vereins der Freunde der Wartburg waren, zogen am 26. Mai 1000 Schülerinnen und Schüler aller Thüringer Schulen zur Wartburg, wurden durch den Thüringer Minister für Volksbildung und Inneres, Fritz Wächtler, begrüßt und feierten damit auch den Beginn der Wartburgtage der Schuljugend. Der auf der Fotografie festgehaltene, heute verstörend wirkende tausendfache Hitlergruß und das *Horst-Wessel-Lied* beendeten die Feier.

Versammlung von Thüringer Schülerinnen und Schülern zum Beginn der
Wartburgtage der Schuljugend am 26.5.1935 im zweiten Burghof der Wartburg

VII »Die Urkräfte deutschen Wesens zu erhalten und zu erneuern« – Maientage und Dichtertage auf der Wartburg

Daniel Miksch

Die Wartburg wurde in den 1920er und 1930er Jahren Schauplatz für zwei Veranstaltungsreihen, die dem zeitgenössisch vorherrschenden völkischen und nationalen, später konkret national-sozialistischen Gedankengut eine Bühne boten, auf der Geschichte und Musik zielgerichtet für politische Zwecke instrumentalisiert und missbraucht wurden.

Diese Entwicklungen begannen mit den Aktivitäten des Vereins Freunde der Wartburg e.V. Er gründete sich am 17. Dezember 1922 ohne ein Zutun der Wartburg-Stiftung mit dem Ziel, Geld zur Erhaltung der Wartburg und der »Wartburgkultur« zu sammeln. Der Großteil des investierten Geldes kam der konservatorischen Betreuung und Restaurierung sowie der Anfertigung von Kopien der Fresken Moritz von Schwinds im Palas der Wartburg zugute.[1] Der Verein wuchs rasch und innerhalb von nur fünf Monaten waren bereits 2300 Begeisterte eingetreten, bis Ende 1923 stieg die Mitgliederzahl auf 5222.

Die engagierten Mitglieder des Vereins wurden erstmals vom 11. bis 13. Mai 1923 nach Eisenach eingeladen, wo sie ein Festprogramm mit einer Aufführung von Goethes *Tasso* im Stadttheater, ein Max-Reger-Konzert in der Georgenkirche und die Mitgliederversammlung des Vereins im Festsaal der Wartburg mitsamt Vortrag zur *Psychologie der Wartburg-Baugeschichte* und abschließendem Wagnerkonzert erwartete.[2] Diese erste Zusammenkunft markierte zugleich den Beginn der Maientage auf der Wartburg, denn fortan trafen sich die Mitglieder des Vereins unter Führung des Eisenacher Kommerzienrates Bernhard Demmer jährlich im Mai auf der Wartburg und in Eisenach, stets begleitet von musikalischen Darbietungen sowie Opern- und Theateraufführungen. Der Kunstgenuss der Maientage erfolgte an verschiedenen Orten, im Eisenacher Stadttheater, in der Georgenkirche, im Fürstenhof und natürlich auf der Wartburg, die für diesen besonderen Anlass stets mit Maigrün, Textilschmuck, Fanfarenbläsern oder nächtlicher Beleuchtung in Szene gesetzt wurde.[3]

Die Anzahl der Teilnehmer sowie die Auflistung der besonderen Gäste der Maientage lässt erkennen, dass es sich bereits nach wenigen Jahren nicht mehr nur um eine simple Vereinszusammenkunft einiger Wartburgbegeisterter mit Vorliebe für klassische Musik handelte, sondern dass diese bereits überregionale, und bald auch schon nationale Dimensionen annehmen sollte. 1928 sollen beispielsweise über tausend Vereinsmitglieder zu den Maientagen erschienen sein, die um Vertreter der Thüringer Regierung und der Landesuniversität ergänzt wurden. Dabei maß der Verein dem Kulturdenkmal Wartburg und dem Bildungsangebot des Veranstaltungsprogramms eine besonders große Bedeutung zu. Präsident Demmer hatte schon im Wartburg-Jahrbuch 1927 resümiert:

»So wurden die Wartburgmaientage zu einem hohen Erlebnis, einer innerlichen Erhebung, die in dieser idealen Verbindung von Natur, Kunst und Kultur unvergeßliche Eindrücke hinterließ und in dem Wartburggedanken keine zeitliche

Modesache, keinen Lokalpatriotismus oder überhebende Gefühlsduselei, sondern eine über alles kleinliche Denken und menschliche Schwäche stehende heilige deutsche Nationalaufgabe erkennt, die zu erfüllen jeder rechtlich Denkende verpflichtet und berufen ist. Wir sollen von dieser geweihten Stätte das Gelöbnis empfangen, wieder ein einig Volk von Brüdern zu werden, auf daß wir denken, tun und handeln im echten deutschen Sinne.«[4]

Abb. 1:
Maientagskonzert im Festsaal der Wartburg am 28.5.1933 Das Orchester des Staatlichen Theaters Kassel unter Dirigent Max von Schillings spielt Werke von Wagner und Brahms

Der von Demmer hier postulierte »echte deutsche Sinn« sollte sich in der Folgezeit immer klarer herausbilden und vor allem in den Festvorträgen zum Ausdruck kommen, die neben der Würdigung vergangener Künstler und der Wartburg als Kulturdenkmal und Einheitssymbol immer harschere völkische und nationale, seit 1933 konkret nationalsozialistisch-rassistische Töne anschlugen.[5] Betrachtet man exemplarisch Ablauf und Reden der Wartburg-Maientage vom 27. und 28. Mai 1933, wird die Verknüpfung von für den Zweck vereinnahmter Kunst, »wegweisender« Predigt und Festrede deutlich: Der einleitenden Aufführung von Richard Wagners *Siegfried* folgte der Festgottesdienst mit Predigt von Prof. Dr. Hans Lietzmann aus Berlin, der die Machtergreifung der Nationalsozialisten mit der Befreiung vom päpstlichen Joch durch Luther verglich und ihr Vorhaben »ein neues Reich Deutscher Nation aufzubauen [...] und es zu einem heiligen Reich zu machen« lobpreiste (Abb. 1). In der anschließenden Mitgliederversammlung dankte Oberbürgermeister Fritz Janson – zugleich 1. Vorsitzender der Wartburg-Stiftung – den Mitgliedern und Spendengebern und rief mit der Metapher von Notung, Siegfrieds Schwert, dazu auf, sich mit dem Schwerte von Liebe und Treue zu Heimat und Vaterland, des-

Abb. 2:
Festteilnehmer der Maientage am 28.5.1933 im geschmückten zweiten Burghof der Wartburg

sen Kleinod die Wartburg sei, zu bewaffnen und den »Unhold des Unfriedens, [...] des undeutschen Geistes«[6] zu töten (Abb. 2). In der abschließenden Festrede referierte Prof. Dr. M. Wundt aus Tübingen über deutsches Wesen, den ewigen Kampf der deutschen Sehnsucht gegen den »Kulturbolschewismus« und endete: »Wir stehen mitten in der Entscheidung, es ist die letzte und endgültige; mißlingt sie, so kommt der Untergang in fremder Art!«[7]

Abb. 3:
Dichtertag auf der Wartburg am 26. 5. 1933. Die Eisenacher Kurrende vor dem Gadem

Folgt man den Programmheften der Maientage, ihren Zusammenfassungen in den Wartburg-Jahrbüchern und Zeitungsberichten der Zeit, ergibt sich ein deutliches Bild des künstlerischen Begleitprogramms, dessen Anspruch ebenfalls weit über den regionalen Kontext hinaus ging: Immer wieder wurden Chöre, wie die Eisenacher Kurrende (Abb. 3), aber auch der Thomanerchor, renommierte Orchester wie die Meininger Landeskapelle, die Weimarische Staatskapelle, das Gewandhausorchester Leipzig und das Lohorchester Sondershausen sowie Schauspielensembles des Staatstheaters Dresden oder des Deutschen Nationaltheaters Weimar eingeladen, um die Vereinsmitglieder, die hohen Gäste und Würdenträger mit musikalischen und dichterischen Werken zu unterhalten.[8]

Die Spanne der aufgeführten Werke reichte von Komponisten wie Wagner, Bach, Mozart, Beethoven, Weber und Liszt, über Schubert und Brahms, bis zu Haydn, Vivaldi und Händel. Sie entsprachen einem Ideal der »deutschen«, »kulturell überlegenen« Künstler, wenngleich sich einige durch Herkunft, Wirken oder gar dezidiert antisemitische Stellungnahmen wie beispielsweise Richard Wagner mehr zur politischen Inanspruchnahme eigneten als andere. Im Geiste des völkischen Nationalismus der 1920er Jahre äußerte sich eine zunehmende Judenfeindschaft und es existierte bereits vor der Machtergreifung der Nationalsozialisten häufig eine klare Vorstellung davon, welche Komponisten und Musiker als »National-Angelegenheit« anzusehen waren, wie es ausdrücklich für Johann Sebastian Bach galt.[9]

Mit der 1933 durch die Nationalsozialisten gegründeten Reichsmusikkammer verschärften sich anfängliche Tendenzen mit drastischen Folgen: Aktive jüdische Musiker, Komponisten und Dirigenten wurden arbeitslos und Musik, die nicht den Vorstellungen der »deutschen«

Gesinnung entsprach oder von Komponisten mit jüdischem Hintergrund, wie beispielsweise Felix Mendelssohn Bartholdy, stammte, wurde unterdrückt. Musikalische Werke und sogar deren Komponisten wurden auf diesem Wege zur Gleichschaltung der Bevölkerung und zur Volkserziehung instrumentalisiert und fortan wurde zwischen »deutscher« und »entarteter« Musik unterschieden.[10] Johann Sebastian Bach beispielsweise stieg in Anlehnung an den im Nationalsozialismus gängigen Führerkult, in dem immer wieder kulturelle und geistige Eliten als Identifikationsfiguren gesucht wurden und in dem Adolf Hitler an der politischen Spitze als Befreier Deutschlands inszeniert wurde,[11] zu einem musisch-kulturellen Führer und gar zu einem »Erzieher des deutschen Volkes« auf. Richard Wagner, der zu Lebzeiten selbst antisemitische Schriften wie *Das Judenthum in der Musik*[12] verfasst hatte, durchlief im Nationalsozialismus einen noch größeren Siegeszug, sodass seine Werke die maßgeblichste Nutzung in der zeitgenössischen Propaganda erfuhren (Abb. 4).[13]

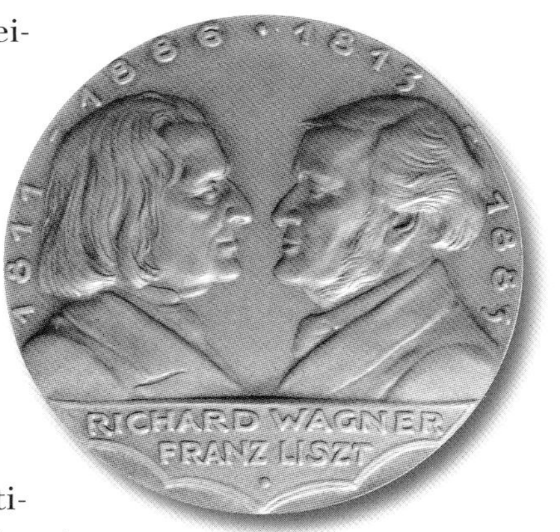

Exemplarisch für diese Entwicklung und die zugeschriebene Bedeutung von Wagners Kunst mag die folgende Beurteilung seiner Oper *Die Meistersinger von Nürnberg* stehen, die am 24. Mai 1930 im Rahmen der Wartburg-Maientage aufgeführt wurde:

> »In die Idee dieser Festtage, die auf die Erinnerungen an die Zeit des Minnesangs abgestimmt und vor allem dem Gedanken an Walther von der Vogelweide, den mit der Burg im Herzen Deutschlands so eng verbundenen und vor sieben Jahrhunderten verstorbenen Meister geweiht waren, fügte sich eine Aufführung des Gipfelwerkes des deutschen musikalischen Lustspiels, der ›Meistersinger von Nürnberg‹ zwanglos und harmonisch ein. Sie gaben den Wartburg-Maientagen 1930 einen ebenso großzügigen wie echtdeutschen Auftakt, dessen Wucht und Schönheit auch diesmal bewies, daß trotz aller Verkleinerungsversuche und Ablehnungen durch zersetzende Elemente die in völkisch deutschem Wesen wurzelnde Kunst Richard Wagners auch heute, und gerade heute, zu den großen befreienden Kräften gehört, deren wir zur seelischsittlichen Wiedergesundung unseres Volkes, unserer Kultur bedürfen.«[14]

Abb. 4:
Gedenkmedaille für
Richard Wagner und
Franz Liszt, geprägt
für die Wartburg-
Maientage 1928
Wartburg-Stiftung
Kunstsammlung
Inv.-Nr. N0478

Noch stärker als bei den Maientagen sollten sich diese rassistischen Tendenzen in den seit 1932 regelmäßig stattfindenden Dichtertagen auf der Wartburg zeigen, zu denen zahlreiche berühmte deutsche Dichter und Schriftsteller auf die Wartburg eingeladen wurden, um den viel zitierten »deutschen Geist« zu fördern. Organisiert und finanziert wurde die Veranstaltung, die von Lesungen, musikalischem Programm und Wagenfahrten durch den Thüringer Wald umrahmt wurde, von der Wartburg-Stiftung, die auch eine Satzung zur Verleihung eines Dichterpreises für jene festschrieb, »deren Schaffen im deutschen Volkstum wurzelt und eine Förderung der deutschen Dichtung bedeutet.«[15] Die künftig mit der sogenannten »Dichterrose« geehrten Schriftsteller wurden mit dem Titel *Rosenritter (der Wartburg)* geehrt. Die Festreden der Teilnehmer geben genauso wie die Presseberichte der Zeit einen detaillierten Einblick in die nationalsozialistisch durchdrungene Geisteswelt sowie den Anspruch an die Dichtung und den Dichtertag auf der Wartburg im Besonderen, für den Burghauptmann von der Gabelentz bereits 1932 formulierte:

»In unserer Zeit des Verfalls und Abgleitens gilt es erst recht, die Urkräfte deutschen Wesens zu erhalten und zu erneuern, auf daß wir an ihnen genesen von fremder Verseuchung und undeutscher Krankheit [...] und daß auf der deutschen Burg im Herzen unseres Vaterlandes das deutsche Kulturbewußtsein eine entscheidende Stunde [habe].«[16]

Stetig wurde dabei Adolf Hitler als Befreier gefeiert, Kunst aus ihrem Kontext gelöst in den Dienst für das deutsche Volk gestellt und die Überlegenheit deutscher Kultur im Weltsystem propagiert. Der Dichtertag auf der Wartburg stand somit seit seiner Premiere 1932 bis zur letzten Veranstaltung 1937 in politisch-propagandistischem Nutzen.

Mögen die ersten Veranstaltungen der Maientage in den frühen 1920er Jahren auch tatsächlich noch als Kulturerlebnis mit musikalischen Höhepunkten gedacht gewesen sein – in denen jedoch auch schon völkisch-nationale Grundtöne anklangen, wie exemplarisch in der Rede von Vereinspräsident Bernhard Demmer 1927 –, so wurden auch sie mit dem Machtzuwachs der Nationalsozialisten und der Ausbreitung der faschistischen Propaganda mit der Zeit mehr und mehr zu einer politischen Bühne.[17] Zeitungen aus ganz Deutschland[18] berichteten von jenen Großereignissen auf der Wartburg, die nun nicht mehr mit Maigrün und historischen Teppichen, sondern mit »feinfühlig eingegliederte[n] Hakenkreuzfahnen« im Sängersaal[19] oder »grüne[m] Lorbeer um die Büste Adolf Hitlers«[20] in der Sängerlaube geschmückt war. So wie die Dekoration des Festsaals im Zuge der ersten Tagung des Reichsarbeitsdienstes des Reichsministeriums des Inneren im Jahr 1936 muss man sich auch den Schmuck der Räumlichkeiten während der Wartburg-Maientage und Dichtertage vorstellen (Abb. 5).

Abb. 5:
Festsaal der Wartburg mit Hakenkreuzfahnen anlässlich der Tagung des Reichsarbeitsdienstes am 7.5.1936

Die Instrumentalisierung von Kunst, Musik und Dichtung durch nationalsozialistische Propaganda zur Bildung einer kollektiven Identität,[21] kulminierte auf den Wartburgveranstaltungen, die als besondere Festtage des deutschen Kulturlebens gefeiert wurden und deren Botschaft über die Presse ins gesamte Deutschland getragen wurde. In Theater- und Opernaufführungen, Konzerten, Festgottesdiensten, Lesungen und politisch einzuordnenden Reden wurde auf diesem Wege Kunst, Kultur, deutsche Vergangenheit und letztlich auch die Wartburg als Symbol politisch vereinnahmt.

1 Siehe Conrad Höfer: Zur Psychologie der Wartburg-Bau-geschichte. Erstes Heft der Freunde der Wartburg E.V. Eisenach mit Jahresbericht 1923. Hannover 1923, S. 19–23.

2 Ebenda, S. 20f.

3 Als Vermerke fanden etwa Erwähnung: »Festsaal mit Mai-grün geschmückt« (Wartburg-Jahrbuch 1925, S. 55), »Die mit Fahnen, Wimpeln, Girlanden und alten wertvollen Teppichen geschmückten Burgeingänge« (Wartburg-Jahrbuch 1927, S. 113f.), »Fanfaren bliesen zur Begrüßung« (Wartburg-Jahrbuch 1928, S. 87) oder die Erleuchtung der Burg in der Nacht für die im Tal wartende Menschenmenge (Wartburg-Jahrbuch 1929, S. 56f.).

4 Wartburg-Jahrbuch 1927, S. 117f.

5 Die Vereinnahmung der Wartburg durch völkisch-national-konservative Literatur und inwiefern sie als »Nationaldenk-mal der Deutschen« im 19. Jahrhundert erbaut, vielmehr aber auch »erschrieben« wurde, untersuchte bereits Rüdiger Haufe: »Deutschem Wesen stets bereit«. Die Wartburg in nationaler Deutung. Zur »Wartburg-Lyrik« 1890–1933. Weimar 2000, hier S. 10f.

6 Heinz Steguweit: Dichtertage – Maientage 1933. In: Wart-burg-Jahrbuch 1933, S. 7–21, hier S. 20.

7 Ebenda.

8 Immer wieder standen die Maientage zudem in Verknüp-fung zu Jubiläumsjahren berühmter Kunstschaffender und ehrten im Besonderen Bach (1924), Mozart (1925), Goethe und Beethoven (1926), Carl Maria von Weber (1927), Wagner und Liszt (1928) oder Walther von der Vogelweide (1930), wofür eigens Plaketten und Medaillen geprägt und in Umlauf ge-bracht wurden.

9 Till H. Lorenz: »Deutsche Musik«? Bach und andere im Nationalsozialismus. In: Bach-Magazin 13 (2009), hrsg. vom Bach-Archiv Leipzig, S. 24–29, hier S. 25.

10 Ludwig Hertel: Zum Wagnerkult im Nationalsozialismus. Ein Beitrag zur Rezeptionsgeschichte. Berlin 2015, S. 234–237.

11 Lorenz, »Deutsche Musik«? 2009 (wie Anm. 9), S. 26.

12 Richard Wagner: Das Judenthum in der Musik. Leipzig 1869.

13 Über die Instrumentalisierung von Wagners Werken im Nationalsozialismus siehe Hertel, Wagnerkult 2015 (wie Anm. 10), v. a. S. 169–225.

14 Werner Kahle: Jahresversammlung Wartburgmaientage 1930. In: Wartburg-Jahrbuch 1930, S. 63–77, hier S. 65.

15 Wartburg-Stiftung, Archiv, Akte Nr. 79, Bl. 49.

16 Burghauptmann Hans von der Gabelentz über die Bedeu-tung der Maientage in der Eisenacher Zeitung, 31.5.1932.

17 Führende NSDAP-Mitglieder und -Staatsmänner aus Ber-lin, unter anderem Reichsaufklärungs- und Propagandaminis-ter Goebbels und Reichsbildungsminister Frick, standen regelmäßig auf den Einladungslisten; der Gauleiter Thürin-gens, Fritz Sauckel, als solcher eine zentrale Figur für die Ver-breitung der NS-Ideologie im »Mustergau« Thüringen (siehe Steffen Rassloff: Fritz Sauckel. Hitlers »Muster-Gauleiter« und »Sklavenhalter«. Erfurt 2007, S. 61–87), war mehrfach als Gast und auch als Redner anwesend. Aus einem erhaltenen Schreiben vom 21.5.1937 geht gar hervor, dass das Reichsmi-nisterium für Volksbildung und Propaganda 3 000 RM für die Maientage zur Verfügung stellte; siehe Wartburg-Stiftung, Archiv, Akte Nr. 83, Bl. 31.

18 So erschienen Presseberichte über die Dichtertage 1935 beispielsweise in Dresdener, Berliner, Essener, Danziger und Münchener Zeitungen (Wartburg-Stiftung, Archiv, Akte Nr. 81, Bl. 144), jene der Dichtertage 1936 zusätzlich in Zeitungen aus Frankfurt, Bielefeld, Koblenz und Hamburg (Akte Nr. 82, Bl. 105).

19 Thüringische Staatszeitung, 2.9.1935, Wartburg-Stiftung, Archiv, Akte Nr. 81, Bl. 133.

20 Eisenacher Tagespost, 29.8.1936, Wartburg-Stiftung, Archiv, Akte Nr. 82, Bl. 103.

21 Zur Beeinflussung von kollektiver Identität durch Musik allgemein sowie am Beispiel des Tiroler Nationalsozialismus siehe Bernhard Alexander Achhorner: Musik und kultu-relles Gedächtnis. Zur musikalischen Instrumentalisierung von Heimat, Kultur und Identität im Tiroler Nationalsozialis-mus. Bielefeld 2019.

VIII »Das Hohelied der deutschen Einheit erklingt von den Zinnen der Wartburg« – Die Wartburgtreffen deutscher Sänger 1953–1956

Grit Jacobs

Dicht an dicht drängten sich am Morgen des 25. Oktober 1953 circa 1600 Sangeslustige aus Ost und West im zweiten Burghof der Wartburg. Vor dem Palas war eine Tribüne aufgebaut, auf der der Vorsitzende des Chorausschusses der DDR, Karl Walter, die am Vorabend von den Chorleitern spontan ausgearbeitete, gemeinsame Erklärung der anwesenden Sänger aus beiden Teilen Deutschlands verlas:

> »Von der Wartburg herab bekunden wir, daß das deutsche Lied uns untrennbar verbindet. Als Freundeskreis deutscher Sänger haben wir uns entschlossen, die Chöre, Vereinigungen und Verbände ganz Deutschlands aufzurufen, alljährlich auf der Wartburg gemeinsam zu singen. Das Wartburgtreffen 1954 wird der Sehnsucht aller Deutschen nach Einheit und Frieden Ausdruck verleihen und ihr natürliches Recht auf ein geeintes Vaterland fordern. Unser Lied für eine glücklich Zukunft Deutschlands.«[1]

Anschließend erklang aus tausenden Kehlen der gemeinsame Gesang des Liedes *Brüder reicht die Hand zum Bunde* (Abb. 1).

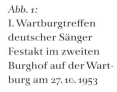

Abb. 1:
I. Wartburgtreffen deutscher Sänger Festakt im zweiten Burghof auf der Wartburg am 27.10.1953

Der Festakt auf der Wartburg war der feierliche Höhepunkt des ersten Wartburgtreffens deutscher Sänger vom 23. bis 25. Oktober 1953, dem in den kommenden Jahren noch drei weitere folgen sollten, bis die politische Situation zwischen den beiden deutschen Staaten derartige Treffen unmöglich machte.

Während der gesamtdeutschen Chortreffen im Zeichen der Wiederherstellung der deutschen Einheit sollten Sänger ost- und westdeutscher Chöre in gemeinsamen Veranstaltungen ihrer Sangeslust frönen. Die Initiative war von der gesamtdeutschen Studien- und Arbeitsgemeinschaft zur Förderung der deutschen Volks- und Laienkunst (STAG) ausgegangen, die sich, von der DDR begründet, aus Vertretern beider deutscher Staaten zusammensetzte. Die Organisationszeit war kurz. Der Rat der Stadt Eisenach berief ein Festkomitee, das am 15. September erstmals zusammentrat und sich auf ein Programm verständigte, das in den folgenden Sitzungen klarere Formen annahm.[2] Es wurden zahlreiche Einladungen an westdeutsche Chöre versendet und Vertreter des Komitees reisten in verschiedene westdeutsche Städte, um für das Treffen zu werben. Am 19. Oktober konnte die Teilnahme von circa 700 Sängern aus Westdeutschland in Aussicht gestellt werden. Der Vertreter der STAG, Fritz Pötzsch, nahm daraufhin auf die aktuelle politische Situation in der Bundesrepublik Deutschland Bezug. Unmittelbar nach der Wiederwahl Konrad Adenauers zum Bundeskanzler und »der immer stärker werdenden Hetze gegen die Deutsche Demokratische Republik und ihre Errungenschaften« sei dies »ein Ereignis von nationaler Bedeutung.«[3] Zu allererst hielt er für dieses Treffen fest, dass es allein wegen der zu kurzen Vorbereitungszeit »nur gemeinsames Singen der Sangesfreunde aus Ost- und Westdeutschland« sein solle, »das die ureigenste Sache der Sänger unter sich sei und mehr demonstrativen Charakter trage.« Gleichwohl seien die westdeutschen Teilnehmer »auf die Atmosphäre in der DDR hinzuweisen und sie mit den Errungenschaften und dem neuen Kurs unserer Regierung und unserem Leben vertraut zu machen. Das Sängertreffen müsse zu dem Ausgangspunkt einer großen und breiten Kampfdiskussion werden, die alle Westdeutschen von dem Aufbauwillen der DDR und unseren Verhältnissen überzeugt.«

Tatsächlich reihte sich bereits das erste Wartburgtreffen deutscher Sänger in eine große Zahl kulturpolitischer Veranstaltungen der DDR ein, bei denen die Volkskunst zu einer »Stärkung des Heimatgefühls und der Widerstandskraft gegen das Eindringen amerikanischer Kulturbarbarei im Volke«[4] beitragen sollte. Gesamtdeutsche Volkskunsttreffen sollten die Teilnehmer von der Höhe der staatlich geförderten Volks- und Laienkunst als gemeinsamem nationalen Erbe überzeugen und den Vorbildcharakter der DDR für ein wiedervereintes Deutschland demonstrieren. Zum ersten, 1952 veranstalteten gesamtdeutschen Wettbewerb für Volkskunst in Berlin hieß es: »Diese [westdeutschen, d. V.] Volkskunstfreunde werden bei uns erleben, wie das Volk in seiner Gesamtheit, von einer volksverbundenen Regierung durch jede nur denkbare Förderung unterstützt, von der Kultur und den unübersehbaren Schätzen der Kultur Besitz ergreift. Und sie werden dieses Erleben als Wissen mit in ihre Heimat nehmen und dort vom neuen, vom besseren Deutschland als Augenzeugen berichten.«[5] Dem gleichen Ziel dienten Gastspielreisen ostdeutscher Chöre und Volkskunstensembles nach Westdeutschland. Neben den seit 1953 ausgetragenen Wartburgtreffen deutscher Sänger wurden auf dem Gebiet der DDR seit 1954 die Parkfestspiele in Sanssouci veranstaltet und ab 1955 fand das Volkstanzfest in Rudolstadt statt.

Die Wartburg erwies sich als der ideale Ort für die Sängertreffen, galt sie doch als das mächtige Symbol »der großen politischen und kulturellen Traditionen unseres Volkes«, von dem aus »immer wieder das hohe Lied von der Einheit des Vaterlandes« erklang, so der Stellvertreter des Ministers für Kultur der DDR, Hans Pischner, zum Wartburgtreffen deutscher Sänger 1955.[6] Diese Tradition reiche zurück in die Zeit des Minnesangs, als schon Walther von der Vogelweide in seinen Liedern und Sprüchen »für eine starke Zentralgewalt eintrat und sich besonders immer wieder gegen die der deutschen Einheit feindlichen Kräfte, besonders die Fürsten und den Papst« gewandt habe. Selbst der damals noch keineswegs in die fortschrittlichen Traditionen der sozialistischen DDR eingereihte Martin Luther wurde dahingehend gewürdigt, dass er von fast allen Deutschen, gleich welchen Standes, als der Mann begrüßt worden sei, der sie aus eigener oder fremder Knechtschaft führen und »den Grund für Einigung der Nation legen sollte.« Für die Kämpfer des Bauernkrieges sei sein Kirchenlied *Ein feste Burg ist unser Gott* zur *Marseillaise* geworden, die der zum Fürstendiener gewordene Reformator allerdings verraten habe. Die am stärksten wirkende und immer wieder betonte Traditionslinie wurde aber aus dem Wartburgfest der Burschenschaften im Jahr 1817 hergeleitet, wenngleich der Kampf um die deutsche Einheit vom »Traum von einer mittelalterlichen Kaiserherrlichkeit, also nicht von einer demokratischen Republik« als deren Schwäche konstatiert wurde. Aus den *35 Grundsätzen der Wartburg-Feier anläßlich der Gründung der Deutschen Burschenschaft* wurde in den Veröffentlichungen zu den Wartburgtreffen deutscher Sänger immer wieder zitiert: »Ein Deutschland ist's und ein Deutschland soll's bleiben...«[7]

Zum ersten Wartburgtreffen 1953 wurden circa 600 westdeutsche und 1000 ostdeutsche Sänger gezählt, die in Eisenach und auf der Wartburg zusammen musizierten. Den Auftakt bildete am Freitag eine Festveranstaltung im Saal des Hotels der Wartburgstadt (zuletzt Fürstenhof), der 1500 Plätze bot. Der Samstagnachmittag war ausgefüllt von zahlreichen Veranstaltungen an verschiedenen Orten, in Betrieben wie der Kammgarnspinnerei, dem RFT-Glühlampenwerk und der Bau-Union traten ost- und westdeutsche Chöre ebenso gemeinsam auf, wie im Schmelzerhof und im Hotel der Wartburgstadt, wo sich am Abend an eine weitere Festveranstaltung ein geselliges Beisammensein mit einer Tanzkapelle anschloss. Musikalische Höhepunkte bildeten zweifelsohne die Aufführungen von Wagners *Tannhäuser* im Landestheater, der Schubert-Messe in Es-Dur in der Georgenkirche und der Auftritt des bulgarischen Armee-Ensembles im überfüllten Saal des Hotels der Wartburgstadt. Neben dem Festakt auf der Wartburg war das gemeinsame Singen auf dem Markt eine weitere, massenwirksame Veranstaltung (Abb. 2, 3).

Abb. 2:
II. Wartburgtreffen deutscher Sänger 1954. Der Volkschor Stadt Lengsfeld beim öffentlichen Singen auf dem Eisenacher Marktplatz
Bundesarchiv
Bild 183-21989-0572
Fotograf: Wlocka

Der Aufruf zu weiteren Chortreffen, der 1953 von der Wartburg erklungen war, wurde gehört: 1954 kamen schon 12 000 Teilnehmer, unter ihnen 5 200 aus Westdeutschland. 1955 zählte man 20 000 Sänger und 1956 waren es sogar 22 000. Weitere Veranstaltungen fanden auch in Halle, Leipzig, Erfurt und Greiz statt. Die Zusammenkünfte auf der Wartburg zählten bei allen Treffen zu den Höhepunkten (Abb. 4). Neben den, nach Beendigung des Baus der neuen Palastreppe, seit 1954 wieder im Festsaal des Palas der Wartburg stattfindenden Konzerten waren es vor allem die feierlichen Züge der Sänger von der Stadt zum Festakt im Burghof. 1954 hielt hier der Kulturminister der DDR, Johannes R. Becher, die Festansprache.

1955 bereitete erstmals ein deutscher Chorkongress auf der Wartburg das III. Wartburgtreffen deutscher Sänger vor, dessen politische Intentionen den westdeutschen Teilnehmern keineswegs entgehen konnten. Die Westfälische Zeitung Bielefeld kommentierte unter der Überschrift »Taktlos und brüskierend«, dass »die Auffassungen der offiziellen Sprecher des ›Chorausschusses der DDR‹ über Sinn und Zweck des Chorgesangs und über die Zielsetzung des geplanten Wartburg-Treffens erheblich von denen vieler Teilnehmer aus der Bundesrepublik abwichen.«[8] Besonders das zu Beginn der Tagung von Helmut Koch[9] gehaltene Referat erregte die Gemüter: Das Volkslied als »Ausdruck der unterdrückten Klasse« einzuordnen und die Sängerbünde als »Waffen des Volkes« zu bezeichnen, wurde von den Anwesenden aus der Bundesrepublik scharf kritisiert.[10]

Abb. 3:
III. Wartburgtreffen
deutscher Sänger 1955
Abschlusskundgebung
auf dem Eisenacher
Marktplatz
Bundesarchiv
Bild 183-32586-0003
Fotograf: Schmidt

Abb. 4:
II. Wartburgtreffen
deutscher Sänger
1954. Eine Sänger-
gruppe aus Mainz-
Finthen mit ihrer
traditionellen Ver-
einsfahne auf der
Wartburg
Bundesarchiv
Bild 183-26575-0010
Fotograf: Schmidt

Die politische Dimension der von staatlicher Seite gelenkten Wartburgtreffen deutscher Sänger trat Jahr für Jahr mehr zum Vorschein und wurde in den Festreden immer deutlicher thematisiert. Entsprechend wandelte sich nicht nur das Veranstaltungsangebot – zunehmend gab es Kino-Vorführungen von DEFA-Filmen, öffentliche Sprechstunden der gewählten Volksvertreter oder Vorträge zu DDR-spezifischen Themen –, sondern auch das Repertoire der ostdeutschen Chöre. Ein westdeutscher Chorleiter resümierte sachlich: »Der große Unterschied zwischen Ost und West [...] auch in der kleinsten Chordarbietung, liegt in der ideologischen Einstellung zum chorischen Singen überhaupt.«[11] In kaum einem östlichen Chorprogramm fehlten »Lieder eines weltanschaulichen Bekenntnisses. Nach einer Gruppe von besinnlichen und heiteren Volksliedern folgen mitunter unmittelbar Lieder, die weltanschauliche Begriffe oder einen großen sozialistischen Führer besingen.« Angespielt wurde hier wohl unter anderem auf das *Thälmann-Lied*, das 1955 mehrfach in verschiedenen Konzerten zu hören war. Auch wenn Volkslieder immer noch den Hauptanteil der Konzerte ostdeutscher Chöre ausmachten, fehlten doch nie als politisch korrekt eingeordnete Gesangsstücke, etwa mit Kompositionen von Kurt Schwaen, Hans Naumilkat oder Ernst Hermann Meyer und Texten von Johannes R. Becher. Zudem wurden nun auch verstärkt zeitgenössische Chorwerke aufgeführt, die eine »klare kulturpolitische Aussage zur Mobilisierung aller fortschrittlichen, patriotischen Kräfte für die demokratische Wiedervereinigung« beinhalteten (Abb. 5).[12]

Wenn allerdings eine Zeitzeugin sich erinnert und abschließend resümiert: »Diese Sängertreffen waren mehr als nur ›gelenkte DDR-Veranstaltungen‹«,[13] dann nimmt sie Bezug auf die nicht zu vergessende Tatsache, dass jenseits aller politischen Ausrichtung im Sinne der DDR diese Treffen vor allem auch auf ganz persönlicher Ebene zur Verständigung zwischen ost- und westdeutschen Sängern führten. Die Organisationsform der Feste – sämtliche auswärtigen Teilnehmer wurden von freiwilligen Quartiergebern in Eisenach und den umliegenden Ortschaften beherbergt – begünstigte persönliche Begegnungen und ließ Freundschaften entstehen. So nahmen etwa die Einwohner und Mitglieder des Chors in Seebach die aus Langendiebach in Hessen angereiste Sängervereinigung in den Jahren 1954 und 1955 bei sich auf. Zugunsten eines gemeinsamen Abend- und Tanzvergnügens in Seebach verzichteten die Mitglieder beider Chöre 1954 gern auch auf die zahlreichen Veranstaltungen in Eisenach und auf der Wartburg. Die Sängervereinigung in Langendiebach empfing die Seebacher zu einem Gegenbesuch und unterstützte schließlich sogar ein Chormitglied nach dem Verlassen der DDR mit einer Wohnung und vermittelte eine Arbeitsstelle. Ähnliches lässt sich vermuten, wenn man die Dankesbriefe westdeutscher Chöre betrachtet, in denen die Herzlichkeit und Gastfreundschaft zur Sprache kommt und vom persönlichen Briefverkehr der Quartiergeber mit ihren Gästen berichtet wird. Vielfach haben auch diese Gäste die Gelegenheit genutzt und gesellige Abende mit den ortsansässigen Chören verbracht.[14]

Angesichts des kulturpolitischen Wandels, der in dieser Zeit von zuständigen Staatsorganen vollzogen wurde, dürften zwischenmenschliche Kontakte in den folgenden Jahren zunehmend schwieriger geworden sein. Persönliche Einladungen ost- und westdeutscher Chöre untereinander galten bald als illegal und wurden beargwöhnt.[15]

Schon 1956 wurde in der DDR über eine »Krise« und »Stagnation« der Volkskunst diskutiert, für die den kleinbürgerlichen Einflüssen von »Volkstümlichkeit« und der »Heimattümelei« die Schuld gegeben wurde. In einer *Programmatische[n] Erklärung: Für eine sozialistische Volkskunstbewegung* hieß es 1957 schließlich: »Nicht jede Tradition ist uns gleichbedeutend; nicht jedes Thema ist uns gleich wichtig. Unser alles beherrschendes Thema ist der Sozialismus. Unsere Volkskunstbewegung muß dem Aufbau des Sozialismus dienen.«[16] Die gesamtdeutschen Traditionen der Volkskunst fanden kaum mehr Erwähnung und so verwundert es nicht, dass ein

Abb. 5:
Auszug aus dem
Programm des
III. Wartburgtreffens
deutscher Sänger 1955

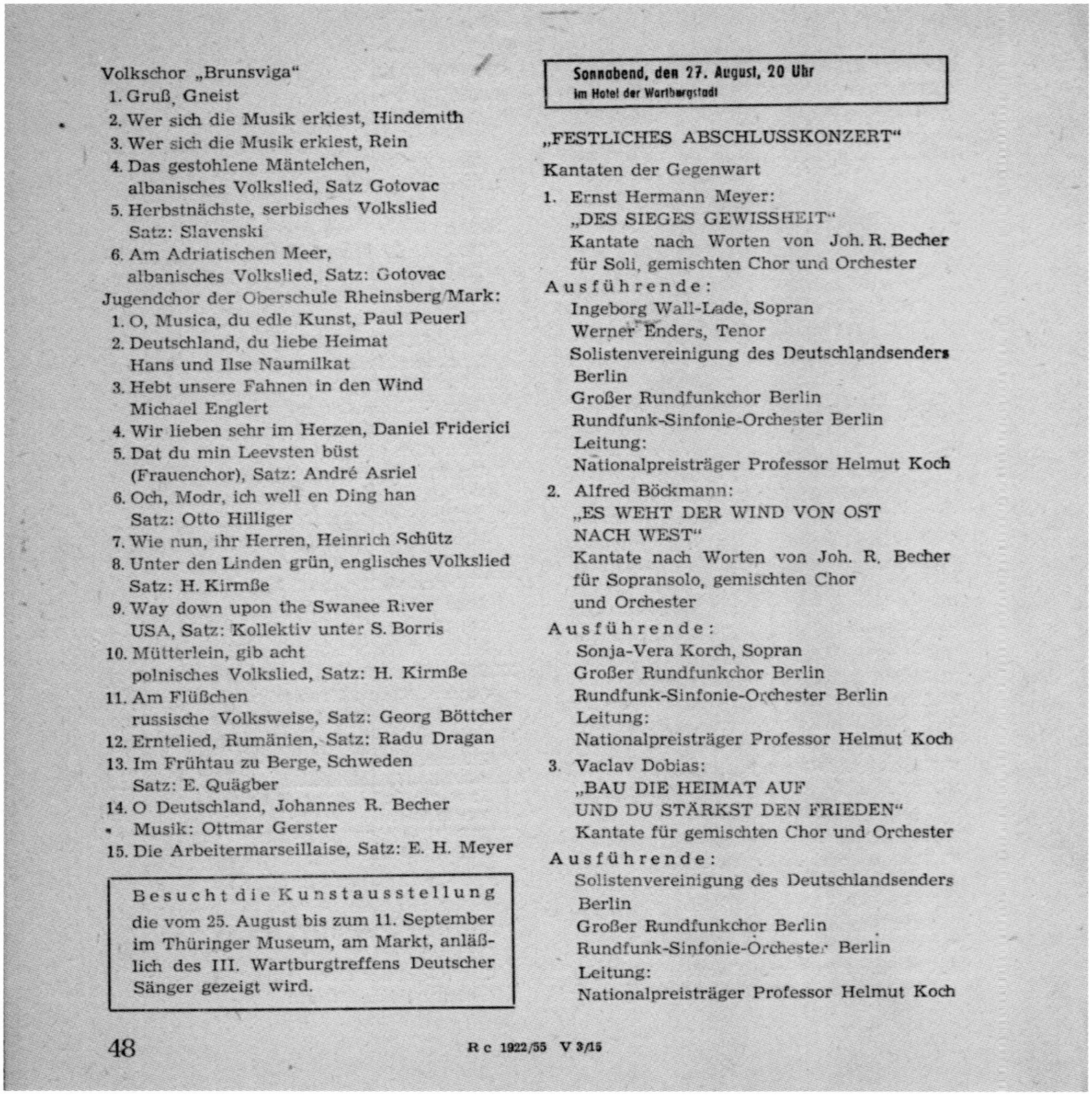

Volkschor „Brunsviga"
1. Gruß, Gneist
2. Wer sich die Musik erkiest, Hindemith
3. Wer sich die Musik erkiest, Rein
4. Das gestohlene Mäntelchen,
   albanisches Volkslied, Satz Gotovac
5. Herbstnächste, serbisches Volkslied
   Satz: Slavenski
6. Am Adriatischen Meer,
   albanisches Volkslied, Satz: Gotovac
Jugendchor der Oberschule Rheinsberg/Mark:
1. O, Musica, du edle Kunst, Paul Peuerl
2. Deutschland, du liebe Heimat
   Hans und Ilse Naumilkat
3. Hebt unsere Fahnen in den Wind
   Michael Englert
4. Wir lieben sehr im Herzen, Daniel Friderici
5. Dat du min Leevsten büst
   (Frauenchor), Satz: André Asriel
6. Och, Modr, ich well en Ding han
   Satz: Otto Hilliger
7. Wie nun, ihr Herren, Heinrich Schütz
8. Unter den Linden grün, englisches Volkslied
   Satz: H. Kirmße
9. Way down upon the Swanee River
   USA, Satz: Kollektiv unter S. Borris
10. Mütterlein, gib acht
    polnisches Volkslied, Satz: H. Kirmße
11. Am Flüßchen
    russische Volksweise, Satz: Georg Böttcher
12. Erntelied, Rumänien, Satz: Radu Dragan
13. Im Frühtau zu Berge, Schweden
    Satz: E. Quägber
14. O Deutschland, Johannes R. Becher
    Musik: Ottmar Gerster
15. Die Arbeitermarseillaise, Satz: E. H. Meyer

Besucht die Kunstausstellung
die vom 25. August bis zum 11. September
im Thüringer Museum, am Markt, anläßlich des III. Wartburgtreffens Deutscher
Sänger gezeigt wird.

48   R c 1922/55   V 3/15

Sonnabend, den 27. August, 20 Uhr
im Hotel der Wartburgstadt

„FESTLICHES ABSCHLUSSKONZERT"
Kantaten der Gegenwart

1. Ernst Hermann Meyer:
   „DES SIEGES GEWISSHEIT"
   Kantate nach Worten von Joh. R. Becher
   für Soli, gemischten Chor und Orchester
   Ausführende:
   Ingeborg Wall-Lade, Sopran
   Werner Enders, Tenor
   Solistenvereinigung des Deutschlandsenders
   Berlin
   Großer Rundfunkchor Berlin
   Rundfunk-Sinfonie-Orchester Berlin
   Leitung:
   Nationalpreisträger Professor Helmut Koch
2. Alfred Böckmann:
   „ES WEHT DER WIND VON OST
   NACH WEST"
   Kantate nach Worten von Joh. R. Becher
   für Sopransolo, gemischten Chor
   und Orchester
   Ausführende:
   Sonja-Vera Korch, Sopran
   Großer Rundfunkchor Berlin
   Rundfunk-Sinfonie-Orchester Berlin
   Leitung:
   Nationalpreisträger Professor Helmut Koch
3. Vaclav Dobias:
   „BAU DIE HEIMAT AUF
   UND DU STÄRKST DEN FRIEDEN"
   Kantate für gemischten Chor und Orchester
   Ausführende:
   Solistenvereinigung des Deutschlandsenders
   Berlin
   Großer Rundfunkchor Berlin
   Rundfunk-Sinfonie-Orchester Berlin
   Leitung:
   Nationalpreisträger Professor Helmut Koch

V. Wartburgtreffen deutscher Sänger gar nicht stattfand. Den westdeutschen Volkskunst-
verbänden warf man vor, dass sie »in ihren Führungen die Politik der klerikal-faschistischen
Adenauer-Regierung gutheißen und propagieren« würden.[17] Zu einem 1958 noch einmal geplanten Wartburgtreffen beschloss der Chorausschuss, nunmehr vorwiegend DDR-Chöre auftreten zu lassen und lediglich Delegierte der Chöre aus Westdeutschland einzuladen. Die
Einladung, die zum Chortreffen 1958 ausgesprochen wurde, zeigt die veränderten Bedingungen
nur allzu deutlich: »Die vier vorherigen Wartburgfeste standen im Zeichen der Wiedervereinigung. Der Verkehr unsererseits war von größtem Vertrauen und Loyalität gekennzeichnet.
Seit den vierten Wartburgfesten hat sich die politische Situation verschärft, in Westdeutschland werden demokratische Freiheitskräfte immer mehr geknebelt und der Faschismus zeigt
sein wahres Gesicht. An alle, die sich gegen Terrorjustiz der westdeutschen Bundesrepublik
[stellen] und für eine glückliche sozialistische Zukunft Deutschlands kämpfen, geht die Einladung.«[18] Auch dieses Fest fand nicht mehr statt und die Zeit der gesamtdeutschen Wartburgtreffen deutscher Sänger war vorbei.

Die Wartburg und Eisenach wurden allerdings schon bald wieder zu Versammlungsorten deutscher Chormusik, denn von 1964 bis zum Jahr 1989 fanden regelmäßig die »Liederfeste rund um die Wartburg« statt, bei denen Chöre ihre Leistungen vergleichen konnten. Die Herkunft der Teilnehmer beschränkte sich nun freilich auf das Gebiet der DDR oder das sozialistische Ausland. Die Wartburg bot mit ihrem Festsaal im Palas und den Innenhöfen nach wie vor einen bevorzugten Schauplatz künstlerischer Darbietungen und Massenversammlungen der teilnehmenden Sängerinnen und Sänger.

1 Zitiert nach: II. Wartburgtreffen deutscher Sänger. Eisenach. 24.–26. September 1954. Hrsg. vom Festkomitee des II. Wartburgtreffens deutscher Sänger 1954, S. 2. Im Dezember desselben Jahres wurde die offizielle Gründung des »Freundeskreises deutscher Sänger« zwischen dem Chorausschuss der DDR und dem Bundesvorstand des Deutschen Allgemeinen Sängerbundes (DAS) bekanntgegeben.
2 Wartburg-Stiftung, Archiv, Akte 324, Sängertreffen 1953–1956.
3 Siehe auch für das Folgende: Protokoll der Sitzung des Festkomitees zur Durchführung des Nationalen Sängertreffens, 19.10.1953, ebenda.
4 Referat Walter Ulbrichts auf der II. Parteikonferenz der SED, 9.–12. Juli 1952, zitiert nach CORNELIA KÜHN: Kunst ohne »Zonengrenzen« – Zur Instrumentalisierung der Volkskunst in der frühen DDR. In: DAVID EUGSTER, SIBYLLE MARTI (Hrsg.): Das Imaginäre des Kalten Krieges. Beiträge zu einer Kulturgeschichte des Ost-West-Konfliktes in Europa. (Frieden und Krieg. Beiträge zur Historischen Friedensforschung, Bd. 21). Essen 2015, S. 187–211. URL: https://www.academia.edu/38764503/_Kunst_ohne_Zonengrenzen_._Zur_Instrumentalisierung_der_Volkskunst_in_der_fr%C3%BChen_DDR. (Stand: 20.1.2020).
5 H. HOFMANN: Heute ist Festbeginn. Zur Eröffnung der Deutschen Festspiele der Volkskunst 1952 in Berlin. In: National-Zeitung, Berlin, 4.7.1952, zitiert nach CORNELIA KÜHN: Die Kunst gehört dem Volke? Volkskunst in der frühen DDR zwischen politischer Lenkung und ästhetischer Praxis. Münster 2015, S. 104. Zugl.: Berlin, Humboldt-Universität, Diss., 2013.
6 Siehe für das Folgende: HANS PISCHNER: Das Hohelied der deutschen Einheit erklingt von den Zinnen der Burg. In: III. Wartburgtreffen deutscher Sänger. Eisenach. 26.–28. August 1955 (Festschrift 1955), S. 32–35, hier S. 32f.
7 So etwa: Deutsches Sängertreffen in der Wartburgstadt 23. bis 25. Oktober 1953. Hrsg. vom Festkomitee des »Wartburgtreffen deutscher Sänger 1953«; »Unser Lied für Deutschlands Zukunft«. Mitteilungen des Freundeskreises deutscher Sänger 1954; Deutscher Chorkongress auf der Wartburg 1955. Berichte hrsg. von den Beauftragten des Chorkongresses für das III. Wartburgtreffen deutscher Sänger (Sonderheft von: Der Chor. Zeitschrift für das gesamte Chorwesen). Frankfurt a. M. 1955, S. 4.

8 Westfälische Zeitung Bielefeld, Nr. 74, 29.3.1955.
9 Helmut Koch (1908–1975) war Dirigent und Leiter der Solistenvereinigung, des Kammerchors und des Großen Chors des Berliner Rundfunks und Professor an der Hochschule für Musik in Berlin.
10 Siehe HELMUT KOCH: Die Aufgaben des deutschen Chorkongresses und seine Bedeutung für die gesamtdeutsche Entwicklung. In: Deutscher Chorkongress 1955 (wie Anm. 7), S. 8–11.
11 Siehe auch für das folgende Zitat: GÜNTER BRUCHHAUS: Eindrücke eines Chorleiters. In: Dem Volke unser Lied. Eine Sammlung von Reden, Aufsätzen und Dokumenten. Zusammengestellt und bearbeitet von WILHELM KUNZE. In Zusammenarbeit mit dem Zentralhaus für Volkskunst herausgegeben vom Chorausschuss der DDR. Halle 1956, S. 91–95.
12 Helmut Koch bei der Arbeitstagung der Beauftragten des deutschen Chorkongresses am 2./3. Juli 1955 in Eisenach, zitiert nach KÜHN, Kunst gehört dem Volke 2015 (wie Anm. 5), S. 197.
13 An dieser Stelle sei Frau Erika Döbrich und Herrn Wolfram Heitzenröder ganz herzlich gedankt, die ihre Erinnerungen an die Ereignisse der Wartburgtage mit den Ausstellungsmachern geteilt haben.
14 Dem Volke unser Lied 1956 (wie Anm. 11), S. 97. Der Männergesangsverein Woltwiesche, Kreis Wolfenbüttel, war in Etterwinden zu Gast, der freie Volkschor Burschscheid in Wünschensuhl. Siehe auch S. 99, Liedertafel Eintracht, Linden e. V. zu Gast in Mechterstädt.
15 MIRIAM NORMANN: Kultur als politisches Werkzeug? Das Zentralhaus für Laien- bzw. Volkskunst in Leipzig 1952–1962. URL: http://www.kulturation.de/ki_1_thema.php?id=113 (Stand: 12.1.2020).
16 Zitiert nach KÜHN, Kunst gehört dem Volke 2015 (wie Anm. 5), S. 263.
17 Das Volkskunstkabinett soll leiten. In: Künstlerisches Volksschaffen 1958. Dokumente und Beiträge zu Grundsatzproblemen. Informationsmaterial – Nur für den Dienstgebrauch, Zentralhaus für Volkskunst (41 Seiten), zitiert nach KÜHN, Kunst gehört dem Volke 2015 (wie Anm. 5), S. 349.
18 Zitiert nach NORMANN, Kultur als politisches Werkzeug (wie Anm. 15).

Zu den Höhepunkten des II. Wartburgtreffens deutscher Sänger 1954 gehörte der Zug tausender ost- und westdeutscher Sänger von der Stadt Eisenach zum Festakt im zweiten Hof der Wartburg.

Deutschlandsender
in Verbindung mit der Wartburgstiftung

ERSTES

WARTBURG KONZERT

aus dem Festsaal des Palas
Sonnabend, 21. Juni 1958, pünktlich 19⁴⁵ Uhr

Johann Sebastian Bach

Ouvertüre h-Moll
Soloflöte: Immanuel Lucchesi, Dresden

Kantate Nr. 211 (Kaffeekantate)
Solisten: Sonja Schöner, Berlin (Sopran)   Gert Lutze, Leipzig (Tenor)
Herbert Rößler, Berlin (Baß)

Brandenburgisches Konzert Nr. 2
Solotrompete: Rudolf Haase, Dresden

Das Dresdner Kammerorchester
(Mitglieder der Dresdner Staatskapelle)
Am Cembalo: Hans Otto, Dresden • Leitung: Walter Knör, München

Eintrittskarten zum Preise von 3,—, 4,— und 5,— DM im Vorverkauf in der Volksbuchhandlung, Karlstraße 6, Ruf 3280, im Kreissekretariat des Deutschen Kulturbundes, Johann-Sebastian-Bach-Straße 9, Ruf 2873, sowie an der Abendkasse • Bestellungen von außerhalb werden telefonisch entgegengenommen Mitglieder des Kulturbundes erhalten im Vorverkauf 1,— DM Ermäßigung

Omnibusverkehr von 18.30 bis 19.15 Uhr ab Hauptbahnhof
Rückfahrt vom Parkplatz „Wartburgschleife" ab 21.30 Uhr

Das Konzert wird vom Deutschlandsender übertragen • Nach Beginn kann kein Zutritt gewährt werden

Nr. 877/58 V 8/15

Werbeplakat für das erste Wartburgkonzert am 21. Juni 1958

»Ich habe 1974 ein halbes Jahr meiner Wehrdienstzeit in Eisenach verbracht und war in dieser Zeit sehr oft auf der Burg. Also habe ich mich sehr gefreut, wieder dorthin zu kommen. Bei den Aufführungen mit Steffen Mensching, also unseren Clownsabenden oder unseren Lesungen mit Liedern, gab es immer einige Probleme mit den Veranstaltern, weil wir uns selten an dies hielten, was genehm oder genehmigt war. Ich kann mich dunkel daran erinnern, dass wir auch bei dieser Aufführung einige Diskussionen führen mussten. Aber das gehört nun mal dazu, wenn man ein wenig kühner ist als andere. Ich erinnere mich jedenfalls daran, dass ich mit großer Freude auf die Wartburg gekommen bin. Es ist immer etwas Besonderes, in diesen Mauern zu spielen.«

HANS-ECKARDT WENZEL, Interview 2020

»Hinaus in die Welt...« —
Die Geschichte der Wartburgkonzerte

Grit Jacobs, Dorothee Menke, Daniel Miksch

21. Juni 1958, Palas der Wartburg, Festsaal
> »Pünktlich, 19:30 Uhr das rote Lämpchen: Wir sind auf dem Sender.
> Der Sprecher tritt an das große, kunstvoll geschnitzte Pult, an dem schon Franz
> Liszt dirigiert haben soll: ›Hier ist der Deutschlandsender. Aus dem Festsaal des
> Palas der Wartburg übertragen wir das erste Wartburgkonzert...‹«

Gerhard Schwalbe, Musikredakteur des Deutschlandsenders und Initiator der bis heute erfolgreichen Konzertreihe, erinnerte sich an den Moment, als die ersten Töne von Johann Sebastian Bachs Ouvertüre in h-moll erklangen, ... »hinaus in die Welt!«[1] (Abb. 1)

Dies war der Auftakt einer Konzertreihe, die seit nunmehr über 60 Jahren das Publikum vor Ort und am Radio begeistert und die in diesem Jahr das 400. Konzert feiert. Im Laufe der Konzertgeschichte waren zahlreiche namhafte Musikerinnen und Musiker aus weit über 30 verschiedenen Ländern im Festsaal des Wartburgpalas zu Gast, wie beispielsweise Pianist Swjatoslaw Richter, Geiger Igor Oistrach, Tenor Peter Schreier, Pianist Erik Werba, das Vokalensemble The King's Singers aus Großbritannien oder nordamerikanische Größen wie die Sopranistin Edith Wiens oder der Pianist Norman Shetler. Die Reihe lässt sich fortsetzen mit

Abb. 1:
Das erste Wartburgkonzert am 21. 6. 1958
Das Dresdner Kammerorchester unter der Leitung von Lovro Matacic spielt die *Kaffeekantate* und das *Brandenburgische Konzert* Nr. 2 von Johann Sebastian Bach

dem israelischen Geiger Shlomo Mintz, dem britischen Vokalensemble voces8, dem Kammerorchester Basel, dem Bariton Christian Gerhaher und dem Pianisten Gerold Huber.

Selbstverständlich können die hier genannten Interpreten nur stellvertretend für hunderte
hochkarätige Solokünstler und Ensembles stehen, die bis heute bei den Konzerten auf der
Wartburg gastierten (Abb. 2).

Abb. 2:
Das 330. Wartburg-
konzert am 28. 4. 2007
Die Sächsische Staats-
kapelle Dresden unter
der Leitung von Kai
Vogel spielt Werke
von Bach, Mozart
und Dvořák

Als die Eisenacher Zeitung 1958 einen Beitrag zum zweiten Wartburgkonzert mit »Über die
Grenzen hinweg eng verbunden« betitelte,[2] erfasste sie, dass diese Konzertreihe von Beginn
durchaus keine gewöhnliche war, sondern vielmehr ein staatenübergreifendes, Grenzen über-
windendes musikalisches Programm, das Menschen mit der Kraft der Musik in der schwierigen
Zeit der deutschen Teilung und des Kalten Krieges vereinte. Claus Oefner formulierte es im
Jubiläumsheft zum 250. Wartburgkonzert rückblickend noch einmal deutlich:

> »Die Besucher der Wartburgkonzerte waren seit 1958 immer dankbar dafür, daß
> am geschichtlichen Ort die Möglichkeit zur Erweiterung des Horizontes bestand.
> Es zeugt von einem wachen Sinn der Initiatoren, trotz staatlich verordneter geis-
> tiger Isolation und ideologischer Gängelei den Schritt in die ›Internationalität‹
> getan zu haben. [...] Die Konzertbesucher von damals empfanden es als sehr wich-
> tig, wenigstens über den Äther mit den Rundfunkhörern in London und Paris, aber
> auch im benachbarten Kassel oder Bad Hersfeld verbunden zu sein.«[3]

Tatsächlich wurden die Konzerte von »etwa 60 ausländischen Rundfunkstationen in Europa
(hier insbesondere alle sozialistischen Staaten), Afrika, Asien, Australien, Nordamerika und
Lateinamerika [...] entweder direkt oder zu einem späteren Zeitpunkt übertragen«.[4]

Wie bei so vielen Veranstaltungen auf der Wartburg lässt sich der große Erfolg der Konzertreihe allerdings auch mit dem »Bann des ›genius loci‹«[5] begründen. Der prunkvolle Festsaal im

Palas bietet eine einmalige Bühne mit besonderer Ausstrahlung, deren Atmosphäre die musizierenden Künstler bis heute begeistert und inspiriert, wie die Gästebücher bezeugen, in denen sich die gastierenden Musikerinnen und Musiker verewigten. So hielt Anton Kuerti aus Kanada am 31. Mai 1975 fest: »In solch einer seltsamen ambience habe ich noch niemals musiziert. Geschichte und Umgebung schweben hier inspirierend zusammen« und Igor Oistrach und Igor Tschernyschew aus der damaligen UdSSR resümierten am 6. Oktober 1979: »Es war uns sehr angenehm, in der Reihe der traditionsreichen Konzerte auf der altehrwürdigen ›Wartburg‹ aufzutreten. Wir haben die äußerst ungewöhnliche Atmosphäre genossen, die in dem wunderbaren altertümlichen Saal herrschte« (Abb. 3).[6] Edith Wiens, Sängerin aus Kanada, bemerkte am 16. September 1985 ganz persönlich: »Ich bin in mir vergnügt – immer, wenn ich auf der Wartburg bin.«[7] Und das Chicago Chamber Orchestra notierte am 4. Juni 1994:

»Nicht jedes von den tausenden Konzerten in aller Herren Länder hinterlässt einen bleibenden Eindruck! Musizieren auf der Wartburg, im prunkvollen Festsaal und für eine andächtige Hörergemeinde, war ein Erlebnis, das wir nie vergessen werden. Thank You from all of us.«[8]

Eindrücklich ist auch die Schilderung Johannes Schlechts, seit seiner Jugend passionierter Wartburgkonzertbesucher, Komponist und Preisträger des Hanns-Eisler-Kompositionswettbewerbs des Rundfunks der DDR 1989:

»Seit 1963 war ich dabei, bei fast jedem Konzert. [...] Angetan mit dunkelgrünem Konfirmationsanzug, maßgeschneidert und einreihig, weißem, bügelfreiem, Nyltesthemd vom Patenonkel aus dem Westen und sehr praktisch, dezent grauem Schlips und schwarzen Schnürschuhen, über das Ganze eine Natoplane als letzten Modeschrei. [...] Ich habe Werner Eck erlebt, wie er eigene Werke dirigierte. War gebannt von seiner Ausstrahlung und seinem aristokratischen Musikantentum. Nach dem Konzert haben wir einen Satz miteinander geredet, auf der Treppe, die hinunter zur Kapelle führt. Und bereitwillig gab er mir ein Autogramm. Auch Jean-Pierre Rampal unterschrieb auf meinem Programmblättchen. Seine Interpretation der bachschen h-Moll Suite hatte mir fast den Atem geraubt. Vielen Zuhörern im Saal ging es ähnlich. Faszinierend und eines meiner nachhaltigsten Erlebnisse [war] das Konzert mit Swjatoslaw Richter. Danach saß ich bis in den frühen Morgen am Klavier und übte. [...] Der körperlich anstrengendste Abend war ein Konzert des Kreuzchores unter Rudolf Mauersberger Mitte der Sechziger Jahre. Nicht genug, daß ein heißer Sommertag den Palas auf etwa 40 Grad aufgeheizt hatte. Gleichzeitig mit der Schaltung der Leitung zum Inselsberg und von dort nach Berlin gingen etwa fünfzig sehr licht- und damit auch wärmeintensive Scheinwerfer an, um den Fernsehmitschnitt richtig auszuleuchten. Ich habe sehr geschwitzt. [...]«[9]

Dass das Raumklima nicht nur dem Publikum dann und wann zu schaffen machte und Künstler sogar zu Stegreifdichtern werden ließ, zeigt der Gästebucheintrag von Eberhard Büchner und der Bläservereinigung Berlin am 2. August 1969:

»29° im Schatten, / aber trotzdem ohn' Ermatten / spielten alle unverdrossen / zwar! Am Ende fast zerflossen / Cembalo war viel zu hoch / und die Bläser deshalb ›och‹ (!) / Wagner schrieb ›der Sänger sitzt‹ / richt'ger wärs gewesen ›schwitzt‹. / Trotzdem war es ein Vergnügen / schweißgetränkte Kunst zu bieten.«[10]

Exemplarisch für besondere Konzerterlebnisse mag überdies die weitere Geschichte im Vorfeld des allerersten Wartburgkonzertes vom 21. Juni 1958 stehen. Gerhard Schwalbe erinnert sich: Noch bevor der Übertragungswagen auf die Wartburgschanze gerollt war und bevor das rote Lämpchen den Beginn des ersten Konzertes markieren konnte, hatte das musizierende Dresdner Kammerorchester eine strapaziöse Anreise zu bewältigen. Nach einer Panne des Omnibusses bei Glauchau erreichte es noch rechtzeitig Eisenach und der Bus schaffte auch die letzte Steigung zur Burg. Das letzte Wegstück mussten die Musiker zu Fuß zurücklegen und der Festsaal war noch immer nur über eine schmale Wendeltreppe zu erreichen. Nach dem Eintreffen der Solisten konnte die Probe beginnen. »Der durch eine hohe Holzdecke abgeschlossene Raum klingt ausgezeichnet, die Tontechniker sind zufrieden, die Leitungen zum Sender sind geschaltet und überprüft. [...] Das Publikum strömt herbei, bald sind die 550 Plätze im Festsaal besetzt«.[11] Beim Lesen der Platzanzahl wird der Konzertgast von heute aufmerken, denn der Blick auf den aktuellen Bestuhlungsplan erweist die Zahl der Sitzplätze doch als deutlich geringer, es sind nämlich nur 321. Tatsächlich harrten die Konzertbesucher viele Jahrzehnte dicht an dicht auf ihren anfangs noch ungepolsterten Stühlen bei jeder sommerlichen Wetterlage aus, waren sie doch glücklich eine Karte ergattert zu haben (Abb. 4).

Dass es manchmal an ein Wunder grenzte, dass die Interpreten pünktlich, adäquat gekleidet und mit ihrem Instrument ausgestattet auf der Bühne ihr Konzert begannen, davon mögen weder die 550 Gäste im Saal und noch weniger die Hörer an den Radios etwas geahnt haben. Gerhard Schwalbe und sein Amtsnachfolger Wolfgang Börner, von 1977 bis 2002 Musikredakteur

Abb. 4:
Das 100. Wartburgkonzert am 4.5.1974
Der Thomanerchor und das Gewandhausorchester Leipzig führen Motetten und Kantaten von Johann Sebastian Bach auf

der Konzerte und 1991 mit dem Wartburgpreis geehrt, wussten davon allerdings einiges zu berichten. Nicht nur das Dresdner Kammerorchester hatte mit einer Omnibus-Panne zu kämpfen, auch Peter Schreier erschien einmal reichlich spät, nachdem sein Auto ramponiert im Straßengraben gelandet war und er eine Platzwunde im Gesicht davongetragen hatte (Abb. 5). Sein Eintrag ins Gästebuch: »Dieses Wartburgkonzert war mir ein ›teures‹ Vergnügen, aber trotzdem ein herrliches Erlebnis.« Der österreichische Pianist Jörg Demus hat sogar einen Zugführer zum Sonderhalt überredet – eine seiner Schallplatten mag hilfreich gewesen sen –, um das für ihn bereitgestellte Auto zu erreichen und in letzter Minute auf der Burg zu erscheinen.[12] Ein tschechisches Kammerorchester musste, mit dem Schlafwagen versehentlich nach Meiningen gefahren, eiligst mit einem Sondertransport herbeigeholt werden, und während einmal der Kontrabass eines Prager Ensembles noch aus dem Zollverschluss ausgelöst werden musste, fand ein anderes Mal der Primarius des Tschechischen Nonetts sein aus dem Leim gegangenes, unspielbares Instrument im Geigenkasten vor und wurde durch die Violine der Konzertmeisterin der Eisenacher Landeskapelle gerettet. Sicher haben die Konzertgäste auch nicht geahnt, dass die Nuovi Virtuosi di Roma 1986 in ihren Spielpausen abwechselnd zum Radio sausten, um sich über die Ergebnisse der italienischen Nationalmannschaft bei der Fußballweltmeisterschaft zu informieren.[13]

Abb. 5:
Das 74. Wartburg-
konzert am 30. 8. 1969
Peter Schreier, nach
seinem Unfall am
Kinn verletzt, probt
mit dem Kammer-
orchester Berlin
unter der Leitung
von Helmut Koch
für das Konzert
»Meister des italie-
nischen Barock«

Auch die Ausstrahlung der Konzerte im Radio war ein nicht unbedeutender Kraftakt, der im ersten Jahrzehnt noch zu jedem Konzert aufs Neue bewältigt werden wollte. Das vom Deutschlandsender um Amtshilfe gebetene Funkhaus Weimar schickte Übertragungswagen, die auf die Schanze vor der Burg fuhren.[14] Die gestiegenen technischen Anforderungen »(statt drei mindestens fünf Mikrofone) zogen den Einsatz eines großen Wagens nach sich, der nur noch bis auf den Hof des Wartburghotels gelangen konnte. Die so erzwungene Arbeitsweise mit mehr als 200 Meter langen Kabeln, auch für die Mikrofone und deren Speisegeräte, war mit größeren Schwierigkeiten verbunden.«[15] Im Zuge der Vorbereitung auf das 900-jährige Jubiläum der Wartburg 1967, das mit zahlreichen Veranstaltungen begangen wurde, bot die Wartburg-Stiftung die

Einrichtung eines Studios vor Ort an. Das zu diesem Zweck mit hölzernen Einbauten umgerüstete Ritterbad – immerhin das letzte, im Rahmen der künstlerischen und architektonischen Erneuerung der Wartburg, nach Entwürfen von Hugo von Ritgen 1889/1890 errichtete Bauwerk – bot keineswegs optimale Bedingungen: »Da das Ritterbad nicht beheizbar war, musste eine technische Lösung gefunden werden, das Studio jederzeit ausbauen zu können.«[16] Die Technik blieb nur während der Saison vor Ort, aber es gab feste Leitungen vom Studio in den Palas; seit den siebziger Jahren wurden die Konzerte in Stereo übertragen: »Und die Technik erreicht durch die Stereophonie eine derartige Qualität, daß die Musik aus dem Lautsprecher nicht minder als die im Konzertsaal echtes Kunsterlebnis vermitteln kann«, hieß es im Konzertreport 1973/74 des Rundfunks der DDR.[17] 1987 zog das Rundfunkstudio ein letztes Mal um: Zum 100. Todestag von Hugo von Ritgen sollte das Ritterbad der Öffentlichkeit zugänglich gemacht werden, weshalb ein von der zweiten Torhalle aus begehbarer Raum im Bergfried nun zur Übertragungswerkstatt wurde. Ausgerüstet mit Regieanlage und 24 getrennt steuerbaren Mikrofoneingängen, machte es von nun an die technisch brillante Ausstrahlung verschiedenster musikalischer Genres möglich.

Dass der Einsatz moderner Technik bei den Aufzeichnungen auch heutzutage nicht immer eine einwandfreie Aufnahme gewährleistet, bezeugt ein Zwischenfall vom Juli 2013 beim Konzert des Mozart Piano Quartetts: vernehmliches »Disco-Wummern«[18] von einer Techno-Veranstaltung am Panoramaweg auf dem der Wartburg gegenüberliegenden Berg drohte die Aufnahme zu gefährden. Die Mitarbeiter der Wartburg-Stiftung wussten sich nicht anders zu helfen, als die Polizei anzurufen. Die ungewünschte Geräuschkulisse blieb dennoch bis zum Ende des Konzertes bestehen, Redakteurin und Veranstalter konnten letztlich aber aufatmen, als der Aufnahmeleiter störungsfreie Bänder in Aussicht stellte.

Dass diese Erlebnisse alle so stattfinden konnten, ist natürlich in großem Maße den verantwortlichen Musikredakteuren und ihren Organisatoren zu verdanken; allen voran den bereits genannten Musikredakteuren Gerhard Schwalbe und Wolfgang Börner. Seit 2003 ist Bettina Schmidt von Deutschlandfunk Kultur die verantwortliche Redakteurin und sorgt für das Gelingen der Wartburgkonzerte. »Mir ist wichtig, dass jede Sparte der klassischen Musik, die in dem Saal funktioniert, im Verlauf der Spielzeit vertreten ist«, umriss sie einmal ihre künstlerischen Ansprüche.[19] Unter ihrer Ägide kamen noch mehr hochkarätige Ensembles und Einzelkünstler aus aller Welt auf die Wartburg, wobei der Redakteurin ein Gleichgewicht zwischen verschiedenen Genres wichtig ist, das auch eine Ausweitung in die Randbereiche der Klassik zulässt. Solche Grenzerweiterungen bieten aus ihrer Sicht die Chance für neue Impressionen, nicht zuletzt auch mit dem Ziel, ein junges Publikum anzusprechen. So wartete etwa das Festkonzert zum 10jährigen Bestehen von DeutschlandRadio mit einem besonderen literarisch-musikalischen Ereignis auf: Unter dem Titel *Dichterliebe – ein Robert Schumann-Abend* trug der Tenor Jan Kobow Werke des Komponisten vor und Peter Härtling las aus seinem 1996 erschienenen Buch *Schumanns Schatten* (Abb. 6).

Die gleichbleibend herausragende Qualität lässt sich am facettenreichen Programm der Wartburgkonzerte ablesen, die überdies nicht nur Wohlbekanntes aufgriffen, sondern auch gänzlich

Abb. 7:
Das 382. Wartburg-
konzert bildete zu-
gleich den Abschluss
der 17. Telemann-
Tage am 16. 7. 2016
Das Ensemble
Holland Barock un-
ter der Leitung des
Geigers Milos Valent
interpretiert mit dem
Flötisten Jan Rokyta
unter anderem Tele-
manns *Barbarische
Schönheiten*

Neues präsentierten, wie 33 Uraufführungen innerhalb der Wartburgkonzerte eindrucksvoll belegen (siehe Tabelle): Zum Festkonzert anlässlich der Eröffnung der nationalen Sonderausstellung Luther und die Deutschen 2017, in dem Solisten und Orchester der J. S. Bach-Stiftung St. Gallen unter der Leitung von Rudolf Lutz Werke von Johann Sebastian Bach zu Gehör brachten, bildete die Uraufführung der von Deutschlandfunk Kultur in Auftrag gegebenen Kantate *Erhalt uns, Herr, bei Deinem Wort* von Rudolf Lutz den Höhepunkt des Abends.

Da die Wartburg in den letzten Jahrzehnten ihr musikalisches Angebot deutlich erweiterte, wurde es zugegebenermaßen auch für die traditionsreiche Konzertreihe schwerer, sich zu behaupten. Die Wartburgkonzerte standen vor einigen Jahren bereits kurz vor ihrem Ende und sollten vor allem wegen der hohen Kosten für den öffentlich-rechtlichen Deutschlandfunk nicht mehr weitergeführt werden. Den Verantwortlichen von Radio, Wartburg und nicht zuletzt Bettina Schmidt ist es allerdings gelungen, die Bedeutung der Konzerte an speziell diesem Ort sinnfällig darzustellen und eine Beendigung dieser Reihe letztendlich abzuwenden.

So kann die Reihe der Wartburgkonzerte 2020 in das 63. Jahr gehen. Hinter ihr liegen mehr als sechs Jahrzehnte voller musikalischer Highlights, besonderer Begegnungen, Grenzen übergreifender Kulturgenüsse und spannender wie amüsanter Geschichten (Abb. 7). Dies hätte sicherlich auch das Staatliche Rundfunkkomitee nicht erwartet, als es 1958 die Wartburg-Stiftung mit dem kurzen Telegramm anfragte: »Deutschlandsender beabsichtigt Durchführung einiger Konzerte auf der Wartburg im Festsaal mit Originalübertragung; erbitten Bescheid, ob Sie Genehmigung erteilen und der 21. Juni abends möglich ist.«[20]

Uraufführungen in Wartburgkonzerten

14. Wartburgkonzert, 13. 8. 1960:
HEINZ KRAUSE-GRAUMNITZ: *Die Uhus und die Nachtigall*, heitere Kantate für gemischten Chor und 7 Instrumente nach Texten von R. KUNZE

22. Wartburgkonzert, 7. 10. 1961:
CARLERNST ORTWEIN: *Nocturne concertant* für Klavier und Kammerorchester; RUTH ZECHLIN: Musik für kleines Orchester

32. Wartburgkonzert, 10. 8. 1963:
VOLKER BRÄUTIGAM: Konzert für Cembalo und Streichorchester

63. Wartburgkonzert, 4. 10. 1967:
FRITZ GEISSLER: Kammerkonzert für Flöte, Violine, Cembalo und Streichorchester; VOLKER BRÄUTIGAM: Choralpartita über *Ein feste Burg* für Streichorchester und Trompete

66. Wartburgkonzert, 31. 8. 1968:
VOLKER BRÄUTIGAM: Drei Bänkelsängerballaden für gemischten Chor

71. Wartburgkonzert, 7. 6. 1969:
WILFRIED JENTZSCH: Kammermusik für Bariton und 9 Spieler nach Texten von H. M. ENZENSBERGER

72. Wartburgkonzert, 5. 7. 1969:
FRED LOHSE: Musik nach einem Quodlibet von J. S. Bach für Bläserquartett, Schlagzeug und Streicher op. 47; WOLFGANG STRAUSS: Serenade I

82. Wartburgkonzert, 8. 5. 1971:
VICTOR BRUNS: Sinfonie Nr. 4 op. 47

106. Wartburgkonzert, 5. 10. 1974:
HANS-JOACHIM GEISTHARDT: Variationen für Flöte, Trompete, Horn, Schlagzeug und Streichorchester

121. Wartburgkonzert, 7. 5. 1977:
VOLKER BRÄUTIGAM: *Inscriptiones Lipsiensis* für gemischten Chor

133. Wartburgkonzert, 9. 9. 1978:
BERT POULHEIM: *Der gallische Hahn*, Liederzyklus nach französischen Dichtern

135. Wartburgkonzert, 5. 5. 1979:
GÜNTER NEUBERT: Notturno für 19 Streicher

137. Wartburgkonzert, 30. 6. 1979:
BERT POULHEIM: *Lieder eines Jahres* nach altjapanischer Lyrik

149. Wartburgkonzert, 30. 5. 1981:
GERD SCHLOTTER: Volksliederfolge für Chor und Bläserquintett

164. Wartburgkonzert, 16. 7. 1983:
FRITZ GEISSLER: *Die Ehe ist ein herrlich, schön und köstlich Ding*, Ehestandskantate nach Luther-Worten für Tenor, Bariton, Bass und Kammerorchester

166. Wartburgkonzert, 17. 9. 1983:
RAINER LISCHKA: *Musicam habe ich allezeit liebgehabt*, Liederzyklus nach Texten aus Luthers Tischreden

184. Wartburgkonzert, 14. 6. 1986:
RUTH ZECHLIN: Konstellationen für 10 Blechbläser

208. Wartburgkonzert, 19. 8. 1989:
VOLKER BRÄUTIGAM: *Das Vidi Aquam*, eine Thomas-Müntzer-Motette für gemischten Chor a cappella

219. Wartburgkonzert, 11. 5. 1991:
NIKOLAI KORNDORF: Mozart-Variationen für Kammerensemble

240. Wartburgkonzert, 25. 9. 1993:
MICHAEL TÖPEL: *Kapitelle*, Klavierzyklus

247. Wartburgkonzert, 24. 9. 1994:
JOHANNES WALLMANN: *AURI*, Musik im Raum, für Oboe, Klarinette, Fagott, Horn und Klavier

255. Wartburgkonzert, 23. 9. 1995:
HELGE JUNG: *Tibulli elegia pacis*, Das Friedenslied des Tibull mit einem Nachsatz von Salvatore Quasimodo für 12 Solostimmen op. 42

261. Wartburgkonzert, 17. 8. 1996:
MICHAEL STÖCKIGT: *Zwiegespräch*, Gedanken zu Luther für Klavier und Cembalo

290. Wartburgkonzert, 5. 5. 2001:
VLADIMIR MENDELSSOHN: Streichquartett 2001

300. Wartburgkonzert, 20. 7. 2002:
KARL DIETRICH: Tricolum für Streichorchester

327. Wartburgkonzert, 5. 8. 2006:
HANS-ECKARDT WENZEL und die Berliner Funkkapelle: *Süßes Weh und bittres Ach* – Biografien zu Recht vergessener Komponisten

335. Wartburgkonzert, 25. 8. 2007:
Deutsche Erstaufführung von CASPAR DIETHELMS *seven for seven* op. 98

346. Wartburgkonzert, 25. 7. 2009:
voces8: *Agnus Dei trifft auf Jailhouse Rock*, Uraufführung *two contemporary settings of imagist poems* von GRAHAM LACK

347. Wartburgkonzert, 22. 8. 2009:
Kammerorchester Basel: Uraufführung des Auftragswerkes *Sastruga* für Streicher von MARTIN JAGGI

354. Wartburgkonzert, 14. 5. 2011:
Camerata Musica Limburg: *Four Poems by E. E. Cummings* für Tenor und Klavier von ROBERT SUND

384. Wartburgkonzert, 6. 5. 2017:
Festkonzert anlässlich der Eröffnung der nationalen Sonderausstellung *Luther und die Deutschen* auf der Wartburg, Auftragswerk von DLF Kultur: RUDOLF LUTZ: *Erhalt uns, Herr, bei Deinem Wort*, Luther-Kantate

385. Wartburgkonzert, 20. 5. 2017:
GEORGE ALEXANDER ALBRECHT: *Rund um den Blitz von Stotternheim*, Streicherserenade

394. Wartburgkonzert, 11. 5. 2019:
GEORG PHILIPP TELEMANN: *Liebe, was ist schöner als die Liebe* (Hochzeitskantate), moderne Erstaufführung

1 Erinnerungen von GERHARD SCHWALBE. In: Musik aus dem Palas. Zum 250. Wartburgkonzert des Rundfunks übertragen von DeutschlandRadio und MDR. Herausgegeben von der Wartburg-Stiftung. Eisenach 1995, S. 7.

2 Zitiert nach: WOLFGANG BÖRNER: »Über die Grenzen hinweg« 50 Jahre Wartburgkonzerte international erfolgreich. In: Jubiläumsheft zum 330. Wartburgkonzert, 2007, n. p.

3 CLAUS OEFNER: 250 Wartburgkonzerte. Widerspiegelung von Geschichtlichkeit und Gegenwart. In: Musik aus dem Palas 1995 (wie Anm. 1), S. 13f.

4 Pressematerialien zum (100.) Wartburgkonzert am 4.5.1974, Wartburg-Stiftung, Archiv.

5 So der Gästebucheintrag von Holger Speck im Namen des Vokalensembles Rastatt zum 348. Wartburgkonzert am 19.9.2009. In: Gästebuch Wartburgkonzerte (304.–368. Wartburgkonzert 2003 bis 2013, n.p.).

6 Beide Zitate nach: Wartburgkonzerte 1958–1988. Eisenach 1988, n. p.

7 Ebenda.

8 Zitiert nach: Aus den Gästebüchern der Wartburgkonzerte. In: Musik aus dem Palas 1995 (wie Anm. 1), S. 26.

9 JOHANNES SCHLECHT. In: Musik aus dem Palas 1995 (wie Anm. 1), S. 11f.

10 Gästebucheintrag zum 73. Wartburgkonzert am 2.8.1969. In: Gästebuch Wartburgkonzerte (1.–93. Wartburgkonzert, 1958 bis 1972. n.p.).

11 GERHARD SCHWALBE: Wartburgkonzerte und Dresdner Galeriekonzerte – seit 30 Jahren eine gute Tradition (Manuskript), Wartburg-Stiftung, Archiv, Akte Senderkonzerte.

12 Der spiritus rector der Wartburgkonzerte erinnert sich. In: Musik aus dem Palas 1995 (wie Anm. 1), S. 28f.

13 BÖRNER, Wartburgkonzerte 2007 (wie Anm. 2).

14 TORSTEN UNGER: Radio aus dem Ritterbad – Das Studio auf der Wartburg. In: Vom Kofferstudio zum Mediencenter. Die Geschichte des Rundfunks in Thüringen von 1925–2000. Altenburg 2002, S. 73–79.

15 KAI LUDWIG: Das Funkhaus Weimar. URL: https //www. radioeins.de/programm/sendungen/medienmagazin/radio _news/beitraege/2018/weimar.html (Stand: 6.2.2020).

16 UNGER, Radio 2002 (wie Anm. 14), S. 73.

17 Orchester und Chöre des Rundfunks der DDR – aus der Arbeit von sieben Klangkörpern. In: Konzertreport. Information zur Konzertsaison 1973/74. Rundfunk der DDR. Hrsg. von der Abteilung Öffentlichkeitsarbeit und Werbung des Rundfunks der DDR. Leipzig 1973, S. 64.

18 KLAUS-PETER KASCHKE: Die Disco wummert beim Klassikkonzert, Thüringische Landeszeitung, 16.7.2013.

19 KLAUS GRIMBERG: Aus Thüringen in alle Welt, Südthüringer Zeitung, 11.5.2011.

20 GÜNTHER WOLF: Die Wartburg-Konzerte im Festsaal des Palas (unveröffentlichtes Manuskript), Wartburg-Stiftung, Archiv, Akte Senderkonzerte.

Die Musik- und Tanzvorführung des Folkloreensembles Goze Deltschew-Russe aus Bulgarien auf der Schanze der Wartburg gehörte zu dem im Rahmen der 13. Wartburgtage der Arbeiterjugend 1989 veranstalteten Folklorefest.

X »Die alten Mauern mit jungem Leben füllen« – Die Wartburgtage der Arbeiterjugend 1977–1990

Petra Schall

Ein neues Jugendgesetz der DDR, im Jahr 1974 verabschiedet, beschloss »eine wirkungsvolle Literatur- und Kunstpropaganda«, die »durch geeignete Programmgestaltung und spezielle Jugendveranstaltungen das Interesse und die Freude der Jugend an der Kunst« fördern sollte. Orte, die Interessen und Aktivitäten der Jugend »für eine sozialistische Freizeitgestaltung« stärkten, sollten vornehmlich zu gründende Jugendklubs sein.[1] Wie in zahlreichen Betrieben und Einrichtungen in der ganzen DDR gab es nun auch auf der Wartburg einen Jugendklub, zu dessen Mitgliedern altersbedingt vor allem die Gästeführer gehörten.

Um »die Arbeiterjugend des Territoriums mit dem kulturellen Erbe der Wartburg vertraut zu machen«, veranstaltete die Wartburg-Stiftung in Zusammenarbeit mit ihrem Jugendklub 1977 zum ersten Mal die sogenannten Wartburgtage der Arbeiterjugend.[2] Es wurde kein Hehl daraus gemacht, dass dieses erste Angebot kultureller Freizeitgestaltung als Testlauf startete. Konnten Ansprüche und Interessen des Publikums mit dem gebotenen hohen Niveau in Einklang gebracht werden? »Wie begeistert man junge Arbeiter für das, was ohne krampfhafte Beziehungen herstellen zu wollen, über die Wartburg geboten werden kann?«, fragten Presseredakteure.[3] Ideen und Vorschläge für die Programmgestaltung lieferte hauptsächlich die Wartburg-Stiftung; eine im Vorfeld gebildete Arbeitsgruppe mit lokalen und staatlichen Vertretern der FDJ-Kreisleitung, des Rates des Kreises/Abteilung Kultur, der FDJ-Leitungen der »großen« Betriebe, dem Jugendklub der Wartburg-Stiftung und der Wartburg-Stiftung selbst sollten die personelle Unterstützung der Veranstaltungen absichern und für die Teilnahme der Jugendlichen werben. Ausgestattet mit einem recht niedrigen finanziellen Budget – ein Großteil der Veranstaltungen war zudem kostenlos für die Teilnehmer – versuchten die Mitarbeiter der Burg, innerhalb dieser Veranstaltungsreihe mit einem abwechslungsreichen Programm »die alten Mauern mit jungem Leben [zu] füllen.«[4] Dieses bestand unter anderem aus Podiumsgesprächen und Vorträgen, oft zu wartburgspezifischen Themen. Zu den Wartburgtagen der Arbeiterjugend 1977 und 1979 sprach etwa der renommierte Altphilologe Manfred Lemmer

Abb. 1:
Auftritt des Folkloreensembles Goze Deltschew-Russe, Bulgarien, auf der Schanze der Wartburg im Rahmen der 13. Wartburgtage der Arbeiterjugend 1989

Abb. 2:
Auftritt von Steffen
Mensching (links)
und Hans-Eckardt
Wenzel bei den zehn-
ten Wartburgtagen
der Arbeiterjugend
1986 im Sängersaal
des Palas

zu mittelalterlicher Alltags- und Hochkultur. 1980 gastierte der Satiriker und Kabarettist Hans-
georg Stengel mit dem Satirevortrag *Die feine stenglische Art.*

Weiterhin wurden Schriftstellerlesungen angeboten, von denen exemplarisch die Auftritte
von Edmund Aue 1978, Hanns Cibulka 1981 und Wolfgang Held 1984 genannt werden sollen.
Bei einem von Zuschauern und Presse begeistert aufgenommenen Sagennachmittag im Rahmen der sechsten Wartburgtage 1982 stellten Mitarbeiterinnen und Mitarbeiter der Bereiche
Führung, Kasse und Wissenschaft dabei in historischen Kostümen offenbar sehr vergnüglich
drei Sagen der Wartburggeschichte nach. Einen weiteren Programmbestandteil bildeten Folk-
lorefeste (Abb. 1) und literarisch-musikalische Veranstaltungen. Das Musikprogramm wurde
von renommierten DDR-Künstlern der verschiedensten Musik- und Unterhaltungsbranchen
bestritten.[5] 1977 erfolgte ein Konzert der Gruppe Bayon, 1980 stand unter anderem ein Lieder-
und Chansonabend mit Barbara Kellerbauer und ihrer Gruppe auf dem Programm.

Das zu den achten Wartburgtagen 1984 veranstaltete Konzert des Liedermachers Gerhard
Schöne mit seinem Programm *Menschen(s)kinder* war die bis dahin mit Abstand am stärksten
besuchte Veranstaltung, die, bereits im Vorfeld ausverkauft, aufgrund der großen Nachfrage
vom Sänger- in den Festsaal verlegt werden musste. In der Einschätzung der achten Wartburgtage wird über die Veranstaltung resümiert: »478 Gäste, davon ca. 30 Erwachsene, lauschten den Liedern des bekannten Liedermachers aus Berlin. [...] Begeisterung beim Publikum,
Erfolg für den Künstler und Zufriedenheit bei dem Veranstalter«. Schönes Liedauswahl wird
folgendermaßen beurteilt: »Seine Titel waren zum Teil nachdenklich, zum Teil lustig ironisch
und hielten uns den Spiegel vor.«[6] Außerdem wurde 1984 ein Konzert der Elb Meadow Ramb-
lers, einer Dixieland-Formation aus Dresden, gegeben. 1985 folgte ein Chansonabend mit
Ekkehard Berthold aus Berlin.

Die zehnten Wartburgtage der Arbeiterjugend im Jahr 1986 boten ein besonders vielseitiges
Programm, wie etwa den Auftritt von Steffen Mensching und Hans-Eckardt Wenzel vor etwa 75
überwiegend jugendlichen Gästen (Abb. 2): »Mittwoch, 21. Mai 1986 begrüßten wir im Sängersaal 2 junge Künstler aus Berlin. ›Mensching/Wenzel: Lieder und Gedichte‹ war ein recht aus-

gewogenes Programm, vorbehaltlich aus dem Bereich der jungen modernen Lyrik. Die Gäste waren begeistert, wenn auch die Akustik im hinteren Bereich des Sängersaales nicht gut war [...].« Das Fazit der Veranstalter fiel wohlwollend aus: »Gute Lieder – und Gedichte – hintergründig – moderne Lyrik.«[7] Die Thüringer Landeszeitung vom 31. Mai 1986 vermittelt einen aussagekräftigen Eindruck vom Auftritt des Duos auf der Wartburg: »Zwei junge Männer, sie hätten ohne weiteres aus dem vorwiegend jugendlichen Publikum kommen können, nehmen auf der ›Bühne‹ des Sängersaals Platz: ein kleiner dünner mit Brille [...] und ein langhaariger, bärtiger [...] fangen einfach an. Völlig lässig [...] verwehren sie sich zunächst gegen die abgegriffene Ankündigung eines ›musikalisch-literarischen‹ Programms, verlassen sich selbstbewußt auf das, was sie zu sagen haben. Und das ist wahrhaftig nicht wenig! Sehnsucht und Alltag, Ehrlichkeit und Wirklichkeit, Kompromißlosigkeit und Einsicht [...] beinhalten ihre Gedichte und Lieder.« Ein weiterer Höhepunkt war der Bluesabend mit der Gruppe Travelling Blues aus Eisenach: »Heiße Bluestöne erklangen am Freitag 23. Mai 86 im Festsaal des Palas. ›Travelling Blues‹ begeisterte 138 Gäste, vorwiegend Jugendliche.«[8] Das Spektrum der engagierten Künstler war

groß: Im Jahr 1987 trat unter anderem die Gruppe Wacholder aus Cottbus mit einer zeitgenössischen Interpretation deutscher Volkslieder auf, bei den zwölften Wartburgtagen 1988 wurde ein Chansonabend mit der Berliner Sängerin Lunit Riebel zum Besten gegeben. Ein weiteres Highlight folgte im Jahr darauf bei den 13. Wartburgtagen der Arbeiterjugend in Zusammenarbeit mit dem Eisenacher Jazz-Klub: »Gekonnt und mit hoher Perfektion und Musikalität vorgetragen« war das Konzert mit Uschi Brüning und Saxophonist Ernst-Ludwig Petrowsky, »ein Konzert für Kenner und Liebhaber«, resümierte Ilona Israel, die für die Öffentlichkeitsarbeit der Wartburg-Stiftung zuständig war. Sie verriet auch, dass »die Künstler sehr bescheiden und einfach in ihrem Auftreten« waren (Abb. 3).[9] Bereits seit 1986 wurde das Publikum bei den stark frequentierten Folklorefesten in den

Abb. 3:
Uschi Brüning und Ernst-Ludwig Petrowsky bei ihrem Konzert im Festsaal am 18. 5. 1989 bei den 13. Wartburgtagen der Arbeiterjugend

Außenbereichen der Burg von zahlreichen Gruppen und Ensembles unterhalten, die sich insbesondere der Interpretation mittelalterlicher Musik und Lyrik widmeten. Genannt seien hier die seinerzeit ausgesprochen beliebten Gruppen Heureka, Horch, Brummtopf, Thüringer Spielleut oder Vagabund (Abb. 4). Rückblickend auf das erste dieser Feste im Rahmen der zehnten Wartburgtage ist zu lesen: »Höhepunkt der diesjährigen Wartburgtage war am Sonntag 25. 5. 86 das ›Thüringer Folklorefest‹. [...] Das ausgesprochen schöne Wetter an diesem Tag trug noch dazu bei, daß diese Veranstaltung zu einer der schönsten und erfolgreichsten der Wartburgtage zu zählen ist. Schätzungsweise 7000 Gäste besuchten das Fest.«[10] Das musikalische Programm bei den Folklorefesten erstreckte sich, etwa mit Auftritten von Bläsergruppen, auch in den Bereich der volkstümlichen Musik, die bei der jugendlichen Zielgruppe offenbar nur bedingt Anklang fand, wie die interne Einschätzung der 13. Wartburgtage der Arbeiterjugend 1989 nahelegt: »Die Blasmusik [...] ist nicht jedermanns Sache, hatte aber auch ihre Zuhörer.«[11]

Politisch-folkloristischer ging es bei Auftritten der Gruppen Jahrgang 49 (1981) und Liederlich (1982, 1983) zu, die zur Singe-Bewegung der DDR der 1960er bis 1980er Jahre gehörten, aus der viele namhafte Liedermacher und Sänger hervorgingen, die auch während dieser, die Jugend ansprechenden Veranstaltungsreihe auf der Wartburg nicht fehlen durften. Neben

Abb. 4:
Folkloresonntag
mit musikalischer
Begleitung der
Gruppe Vagabund
aus Weimar im zwei-
ten Burghof der
Wartburg, elfte
Wartburgtage der
Arbeiterjugend 1987

Gerhard Schöne, Hans-Eckardt Wenzel, Stephan Krawczyk (Liedehrlich) und der Gruppe Wacholder waren auch Singe-Gruppen aus dem Territorium vertreten.

Bei der musikalischen Programmgestaltung der Wartburgtage setzte die Wartburg-Stiftung ansonsten vor allem auf Bewährtes und veranstaltete dem kulturhistorischen Charakter der Burg entsprechende Konzerte, in denen – teils auf historischen Instrumenten – Musik vom Mittelalter, über Renaissance und Barock bis in die Gegenwart zelebriert wurde. Studenten der Musikhochschule Weimar konnten hier ihr Können des Öfteren unter Beweis stellen, das Ensemble Capella academica Halensis gastierte zweimal im Festsaal, des Weiteren musica mensurata aus Berlin, Minne consort Weimar oder die Capella Fidicinia aus Leipzig. Ob diese eher klassischen Konzerte oder gar Auftritte von Männerchören und Blasorchestern den Musikgeschmack der Arbeiterjugend trafen, ist anhand der relativ geringen Teilnehmerzahlen zu bezweifeln. Diejenigen jedoch, die sich diesem hohen Anspruch stellten, waren fast immer begeistert.

Im politischen Kontext stehende Veranstaltungen, wie in Vorbereitung des Nationalen Jugendfestivals 1979 in Berlin, der Friedensruf der Jugend von der Wartburg (Abb. 5) in den 1980er Jahren, der dreimal (1984–86) auch den Auftakt der Wartburgtage bildete, oder die Auszeichnung der besten Jugendbrigaden des Kreises Eisenach (1980 und 1981) wurden von der FDJ-Kreisleitung organisiert, blieben aber die Ausnahme, ebenso wie die unter der Zielgruppe so beliebten Disco-Veranstaltungen in den Außenbereichen der Burg (Musikalische Luftfracht des Radio DDR I 1978, Fest an der Wartburg-Schleife nach Friedensmanifestation 1984 und 1985), die meistens dem schlechten Wetter zum Opfer fielen.

Die jährlich im Mai veranstalteten Wartburgtage bezogen seit 1983 den Internationalen Kindertag am 1. Juni mit ein; in enger Zusammenarbeit mit dem Pionierhaus Eisenach wurden auf

der Schanze und den Burghöfen Kinderfeste mit Bastel-, Mal- und Spielstationen organisiert.

Sofern überhaupt Eintrittsgelder für die Veranstaltungen verlangt wurden, was nur bei hochkarätigeren Künstlern und Ensembles der Fall war, können diese mit Höhen von 3,05 bis 7,05 Mark als moderat eingeschätzt werden. Der »krumme« Betrag kam durch den Aufschlag von 0,05 Mark Kulturabgabe zustande, der in den Kulturfonds der DDR zur Unterstützung von Künstlern und Kunstschaffenden floss. Für die Preissetzung musste im Vorfeld die Genehmigung des Rates des Kreises Eisenach eingeholt werden.

Statistiken zum Anteil der Arbeiterjugend unter den Teilnehmern der Wartburgtage, der in den ersten Jahren durchschnittlich 75% betrug,[12] erweisen, dass sich das Publikum zunehmend aus klassischen Konzertgängern und älteren Gästen aus der Schicht der »Intelligenz« rekrutierte. So ließ die interne Einschätzung der neunten Wartburgtage 1985 hinsichtlich der angestrebten Zielgruppe verlauten: »Der Teilnehmerkreis entspricht in keiner Weise dem Titel. Als Gäste begrüßen wir Intelligenz, christliche Jugend (wobei diese auch in Betrieben arbeitet), vereinzelt Arbeiterjugend und hauptsächlich Mittelalter und älter.« Es zeichnete sich die Schwierigkeit ab, erschwingliche Künstler zu finden, die genügend Anziehungskraft auf das Zielpublikum der Arbeiterjugend ausübten.

Die 14. und letzten Festtage, nun bezeichnet als Wartburgtage der Jugend, im Jahr 1990 erwiesen sich trotz Werbung in Ost und West und qualitativ ansprechender Konzerte als finanzieller Flop; das Ausbleiben der Veranstaltungsgäste war den tiefgreifenden politischen und gesellschaftlichen Veränderungen geschuldet. Die Bilanz in der hausinternen Kurzeinschätzung fällt dementsprechend enttäuscht und ernüchtert aus: »Die Veranstaltungen waren schlecht besucht, das erhoffte BRD-Publikum blieb gänzlich aus. Die Nachfrage entsprach in keiner Weise dem absolut hohen Aufwand, besonders aus finanzieller Sicht. Da der in den Vorjahren vorherrschende ideologische bzw. parteiliche Gehorsam, der diese Reihe immer wieder am Leben hielt, bei dieser Veranstaltung nicht mehr besteht, ist unter marktwirtschaftlichen Bedingungen, die für uns jetzt maßgeblich sind, die Reihe rigoros aus dem Haushalts- und Veranstaltungsplan zu streichen, da sie finanziell nicht mehr zu rechtfertigen ist.«[13]

1 Zitiert nach: Jugendgesetz der DDR vom 28. Januar 1974, V.§ 28. (3). URL: https://www.verfassungen.de/ddr/jugend gesetz74.htm (Stand: 2.3.2020).
2 Wartburg-Stiftung, Archiv, Akte I. Wartburgtage 1977, n. p., Bericht von Christa Noth, Leiterin für Öffentlichkeitsarbeit.
3 Thüringische Landeszeitung, 30.4.1977.
4 Akte I. Wartburgtage 1977 (wie Anm. 2), S. 4.
5 Wartburg-Stiftung, Archiv, siehe Akten zu allen 14 Wartburgtagen 1977–1990, n. p.: I. Wartburgtage 1977, II. Wartburgtage 1978, 3. Wartburgtage 1979, 4. und 5. Wartburgtage 1980/81, 6. Wartburgtage 1982, 7. Wartburgtage 1983, 8. Wartburgtage 1984, 9. Wartburgtage 1985, 10. Wartburgtage 1986, 11.–13. Wartburgtage 1987–1989, 14. Wartburgtage 1990.
6 Wartburg-Stiftung, Archiv, Akte 8. Wartburgtage 1984, n. p.

7 Wartburg-Stiftung, Archiv, Akte 10. Wartburgtage 1986, n. p., Gesamteinschätzung und Notizen zur Veranstaltung.
8 Ebenda.
9 Wartburg-Stiftung, Archiv, Akte 11.–13. Wartburgtage 1986–1989, zusammenfassender Bericht über die 13. Wartburgtage der Arbeiterjugend 18.5.–1.6.1989, S. 2.
10 Wartburg-Stiftung, Archiv, Akte 10. Wartburgtage 1986, Gesamteinschätzung zur Veranstaltung, S. 3.
11 Wartburg-Stiftung, Archiv, Akte 11.–13. Wartburgtage 1986–1989, zusammenfassender Bericht über die 13. Wartburgtage der Arbeiterjugend 18.5.–1.6.1989, S. 3.
12 Siehe die Akten zu den Wartburgtagen (wie Anm. 5).
13 Wartburg-Stiftung, Archiv, Akte 14. Wartburgtage 1990, Kurzeinschätzung, Bericht von Ilona Israel, Leiterin der Öffentlichkeitsarbeit.

»Als bei einer Bluesnacht das Wetter mal nicht mitspielte und der Festsaal als Ausweichraum leider nicht genutzt werden konnte, wie es sonst immer der Fall war, sind wir ins Eisenacher Bürgerhaus ausgewichen. Und obwohl es vom Musikalischen her ein sehr starker Abend war — damals hat auch Louisiana Red mitgespielt, was für mich auch ein ganz besonderer Abend war — war die Besucherzahl am Ende nur halb so groß wie sonst üblich; ganz einfach weil es nicht mehr die Bluesnacht auf der Wartburg war. Und das war es eben, neben der Musik, was die Leute angezogen hat: die Atmosphäre, der Hof, der Blick vom Berg hinunter und das Ambiente der Gebäude. Hier die Musik zu hören hat für die Leute eine große Rolle gespielt.«

DIETER GASDE, Interview 2020   125

»Grundsätzlich liebe ich historische Orte und vor allem solche, an denen schon sehr viel und oft musiziert wurde. Die Wartburg ist unter all den historischen Stätten, die es in Mitteldeutschland glücklicherweise reichlich gibt, ein besonders herausragender Ort, weil sich so viele Traditionsstränge hier vereinen. Gleichzeitig ist die Wartburg immer noch sehr lebendig. Man spürt hier wirklich im wahrsten Sinne des Wortes lebendige Geschichte. Die Menschen kommen in Scharen als Touristen und dabei ist eine große Achtung und ein kulturelles Flair in der Luft, das finde ich einfach immer wieder berührend.«

RAGNA SCHIRMER, Interview 2019

»Es gibt tatsächlich solche Orte, die eine gewisse Magie haben. Ich mag allerdings beides: Alte Gemäuer und auch moderne Neubauten. In jahrhundertalten Kirchen oder auf Schlössern und Burgen zu spielen hat absolut seinen Reiz. Da erzählt jeder Balken eine Geschichte und manchmal stelle ich mir tatsächlich vor, was diese alten Steine wohl schon alles gehört und gesehen haben. Beim nächsten Konzert spiele ich dann wieder in einem hochmodernen Konzertsaal wie z. B. der Hamburger Elbphilharmonie und bin ebenfalls beeindruckt und natürlich auch beflügelt. Auf der Wartburg zu spielen ist und bleibt dennoch besonders.«

FELIX KLIESER, Interview 2020

»Ich habe unzählige Male die Erfahrung gemacht, dass Orte die Musik prägen, an denen sie aufgeführt wird — insbesondere die improvisierte Musik. Das hat in erster Linie zu tun mit Akustik, Architektur und Umgebung; in besonderen Fällen auch ganz allgemein mit der Inspiration durch eine kulturelle Zeitgeschichte und dem Symbolcharakter eines Bauwerks. Auf der Wartburg spielen genau diese Faktoren eine inspirierende Rolle.«

MICHAEL WOLLNY, 2020

»Eine Sternstunde des Blues« — Bluesnächte auf der Wartburg

Daniel Miksch

Als eine der jüngeren musikalischen Veranstaltungsreihen findet regelmäßig im Sommer ein Event auf der Wartburg statt, das fernab der klassischen Wartburgkonzerte, des MDF-Musiksommers, der *Tannhäuser*-Aufführungen oder des Wartburg-Festivals im Festsaal der Wartburg steht.

Die Bluesnacht auf der Wartburg feierte 2002 Premiere und seitdem wurde, mit wenigen Ausnahmen, nahezu jährlich die portable Bluesbühne im zweiten Burghof der Wartburg aufgebaut. Zwar war diese Veranstaltung nicht das erste Mal, dass Blues auf der Wartburg erklang — man denke hierbei an den Auftritt von Travelling Blues im Rahmen der Wartburgtage der Arbeiterjugend 1986 —, gleichwohl aber war sie der Auftakt einer gänzlich dem Blues gewidmeten Veranstaltungsreihe, die auch 2020 wieder zahlreiche Besucher auf die Wartburg locken wird. Regionale, nationale und auch international bekannte Größen der Bluesszene zog es dafür bisher auf die Wartburg, auf der sie an langen Sommerabenden mehrere hundert Gäste mit ihrer Musik erfreuten und zu ausgelassener und tanzfreudiger Stimmung anregten. So stand die ursprünglich unter dem Titel »Sommernächte auf der Wartburg« initiierte Reihe unter verschiedensten Themen wie etwa »The Best of Classic Jazz & Swing« oder »Love is the Key« und auch eine »Boogie-Woogie-Nacht« (2012) sowie ein »Blues & Roots-Festival« (2014) fanden statt. Letztere Veranstaltung stieß auf gewohnt große Resonanz, vor allem als sich alle Musiker des Abends am Ende auf der Bühne zum Zusammenspiel versammelten und das Publikum begeisterten: »Das mittlerweile aufgetaute und von einem Regenguss erfrischte Publikum feierte fröhlich mit und ließ den Bär steppen und hätte die gesamte Truppe am liebsten gar nicht mehr von der Bühne gelassen«,[1] wie die Thüringische Landeszeitung nachher festhielt. Die unterschiedlichen Stilrichtungen der Abende reichen dabei von Blues und Jazz über Swing, Soul und Funk bis zu Gospel, Western-Country und weiteren.

Die Gästelisten der Bluesnächte waren dabei häufig von hochkarätiger Musikprominenz geprägt. So traten im Laufe der Jahre beispielsweise Steve Clayton mit seiner Band The 44's, Joe Wulf und die Gentlemen of Swing, US-amerikanische Musikerinnen und Musiker wie Angela Brown, Louisiana Red, Eric Bibb und Larry Crockett, Muddy Waters oder Janice Harrington, der in den USA geborene und in Mitteldeutschland wirkende Leonard Alexander Exson sowie die vor allem in Deutschland aktive Tommy Schneller Band, aber auch regionale Größen wie das Thüringer Jazz-Duo Friend 'n Fellow oder das Eisenacher Duo Good News um Bluesmusiker Dieter Gasde auf. Der Eisenacher Dieter Gasde ist zudem hinsichtlich Organisation, Moderation und Betreuung der Musikerinnen und Musiker eine wichtige Konstante beim Erfolg der Bluesnächte auf der Wartburg.[2] Seiner Überzeugung nach spielt neben der eingängigen Musik und den berühmten Stars auch die Kulisse der Wartburg eine entscheidende Rolle beim Gelingen der Veranstaltungsreihe. Besonders bemerkbar wurde dies, als die Bluesnacht 2004 aufgrund eines Unwetters ins Eisenacher Bürgerhaus verlegt werden musste. »Und obwohl es vom musikalischen her ein starker Abend war, [...] war die Besucherzahl am Ende nur halb so groß wie sonst üblich.«[3] Zum Glück musste eine solche Ausweichlokalität nur ein einziges Mal bemüht werden. Gelegentlich zog die Veranstaltung bei schlechtem Wetter in den Festsaal des

Wartburgpalas um, in der Regel aber konnte sie wie geplant im zweiten Burghof der Wartburg stattfinden; und auch wenn wie im Jahr 2008 dauernder Nieselregen den Gästen auf dem Hof zu schaffen machte, das begeisternde Erlebnis des Bluesabends konnte das Wetter nie trüben. Und so erscheinen rückblickend Kommentare wie »Eine Sternstunde des Blues auf der Wartburg, eine traumhafte Kulisse, exzellente Musiker, ein begeistertes Publikum und ein super Veranstalter – mehr geht nicht!!! Genuss pur!!!«[4] über die besonderen Bluesnächte auf der Wartburg als wiederkehrender Beleg dafür, dass auch der Blues seinen festen Platz auf der Wartburg gefunden hat.

Abb. 1:
Der zweite Burghof der Wartburg zur Boogie-Woogie-Nacht am 25. 8. 2012 mit Axel und Torsten Zwingenberger an Piano und Schlagzeug sowie Sängerin Lila Ammons

1 KLAUS-PETER KASCHKE: Der Blues über die Gier des Finanz-
amtes. In: Thüringische Landeszeitung, 5. 8. 2014.
2 Siehe das vollständige Interview mit Dieter Gasde auf
S. 149–151 in diesem Band.

3 Ebenda, S. 150.
4 Kommentar des »Blues & Roots-Festival 8.0« am 10. 8. 2013
auf der Wartburg durch die Jazzagentur Kaul. URL:
http://www.jazzagentur-kaul.de/?p=202 (Stand: 18. 2. 2020).

Die 1998 gegründete Band Seeed aus Berlin, die vor allem in den Genres Reggae und Dancehall zu verorten ist, drehte das Musikvideo zu ihrer ersten Singleauskopplung *Music Monks* vom gleichnamigen Album auf der Wartburg. Das im Mai 2003 veröffentlichte Video zeigt die Bandmitglieder als Mönche an den unterschiedlichsten Stellen des Burggeländes, unter anderem in der Erdgeschossarkade, im Wehrgang, im zum Refektorium umfunktionierten Rittersaal, an die Mittelsäule der Elisabethkemenate gefesselt und vor einem riesigen Boxenturm im Festsaal tanzend.

Die Locationscouts haben mit ihrer Wahl ein gutes Händchen bewiesen, bildet die altehrwürdige Wartburg doch die perfekte, farbenfrohe Kulisse für die Hochglanzproduktion, die wie die Burg inzwischen auch nicht mehr ganz jung ist, aber dennoch zeitlos erscheint.

Ansicht der Wartburg von Südwesten

»Talentierte Rapper im Hof der Wartburg« — *HipHop meets Minnesang*

Daniel Miksch

Im Jahre 2006 fand ein neues Veranstaltungsformat Eingang in den Wartburgkalender und erfreut seitdem in einiger Regelmäßigkeit vor allem das jüngere Wartburgpublikum. *HipHop meets Minnesang* ist der Titel der Reihe, die vom Stadtjugendring Eisenach und der Wartburg-Stiftung organisiert wird und die immer wieder den zweiten Burghof der Wartburg füllt. Im Stile eines fiktiven Sängerwettstreites sollen hierbei – wie beim Vorbild des legendären Sängerkriegs auf der Wartburg 800 Jahre zuvor, und wie im »Hiphop-Tagesgeschäft« als *Battle* häufiger vorkommend – mehrere Künstler gegeneinander antreten, um am Ende den Besten oder die Beste zum Sieger zu küren. Mit mehreren hundert Gästen war die Premiere des Events 2006 ein großer Erfolg, sodass es in den darauffolgenden Jahren wiederholt wurde und 2020 bereits zum neunten Mal ausgerufen werden kann. Dabei ist vor allem »das bunt gemischte Publikum zwischen 6 und 85 [...] kennzeichnend für die ungebrochene Freude am deutschen Sprechgesang.«[1] Natürlich hat sich die Art des Musizierens im Laufe der Jahrhunderte etwas verändert: Anstelle von mittelalterlichen Instrumenten wie der Laute oder der Harfe, die den Gesang begleiteten, liegen der modernen Interpretation nun elektronische Beats zugrunde und freilich sind heutzutage die besungenen Themen, die Melodik und auch die Sprache an sich anders. Nicht zuletzt unterscheiden sich auch die Namen der modernen »Minnesänger« von den mittelhochdeutschen Troubadouren: Statt Walther von der Vogelweide, Wolfram von Eschenbach oder Reinmar von Zweter stehen heute Da Capo, Burgbesetzer, Zeitgeist, Delve, Gedankengut, ZRoyal, FESAS oder 3ST ICH KITE als deutsche Nachwuchskünstler auf der Hiphop-Bühne. Liegt der Fokus der Musik heute auch nicht mehr auf den einstigen Inhalten rund um das Fürstenlob, dem Besingen von Liebe und Minne oder der Auseinandersetzung mit höfischer Etikette, so lassen sich doch Parallelen zwischen dem mittelhochdeutschen Minnesang und dem modernen Hiphop ziehen, denn Kern der Lieder sei nach wie vor »das Leben in der Hood, Liebe und zwischenmenschliche Beziehungen, gesellschaftskritische Texte mit klarer politischer Kante«,[2] wie Marco Turko von 3ST ICH KITE, den vier Gewinnern des Jurypreises von 2018 aus dem südthüringischen Eisfeld, betonte. »Das verbindende Element [...] ist auf jeden Fall die Poesie, der kunstvolle Umgang mit gereimten Worten und die Darbietung der lyrischen Werke [...]«, so Turko weiter.

Die sechs teilnehmenden Solokünstler oder Crews werden am Ende des Abends von einer Jury aus Vertretern der Kulturszene und Musikern bewertet und schließlich folgt die Verleihung eines Jurypreises und eines Publikumspreises. Ob nun mit mehr oder weniger Bezug zur Historie, *HipHop meets Minnesang* ist als moderne Musikveranstaltung in der Geschichte der Wartburg angekommen und bietet viel Potential, moderne Musik, die vor allem die jüngeren Generationen anspricht, mit dem historischen Ort zu verknüpfen. So haben manch »talentierte Rapper im Hof der Wartburg«[3] eine ganz besondere Bühne gefunden. Und wer weiß, vielleicht hätten »legendäre Gestalten wie Walther von der Vogelweide und Wolfram von Eschenbach [...] womöglich auch im Takt mit dem Kopf genickt, wenn sie Teil der Party hätten sein können.«[4]

Abb. 1:
HipHop meets Minnesang am 18. 8. 2018 auf der Wartburg mit 3ST ICH KITE, Krom & Fesas, LeftLucas, Mbp&Magma, der Rappresenta Crew sowie Wrekstar. Für die Bereitstellung des Fotos dankt der Autor Frau Alena Tittelbach vom Stadtjugendring Eisenach e.V.

1 STEFANIE KRAUSS: Lässige Wortakrobaten an einem lauen Sommerabend. In: Thüringer Allgemeine, 13. 6. 2017.
2 Siehe hierfür und für nachfolgendes Zitat das ausführliche Interview mit 3ST ICH KITE auf S. 154f. in diesem Band.
3 Mit dem Titel »Hip Hop trifft auf Minnesang – Talentierte Rapper im Hof der Wartburg« machte die Thüringer Allgemeine am 11. 8. 2018 auf die Veranstaltung auf der Wartburg aufmerksam.
4 [STEFANIE KRAUSS]: Moderne Musik und fette Beats vor malerischer Kulisse. In: Thüringer Allgemeine, 27. 6. 2016.

Apropos…
…Akustik des Festsaals

»Die Akustik ist fantastisch. Der Saal hat eine ähnliche Form wie sie viele der besten Konzertsäle der Welt haben, welche nach dem Schuhschachtel-Prinzip entwickelt wurden: Wiener Musikverein, Tonhalle Zürich, Concertgebouw Amsterdam oder die Laeiszhalle in Hamburg, um einige Beispiele zu nennen. Außerdem ist Holz optimal für einen guten Klang. Weder überakustisch wie z. B. in Kirchen, noch zu trocken.«

Philippe Bach, Interview 2019

»Ich erinnere mich noch sehr gerne an das Konzert und die angenehme Akustik dort. Für mich als Hornisten ist es immer wichtig, dass das was ich auf der Bühne mache, auch im Saal so rüber kommt. Es gibt Säle, dort muss ich beispielsweise sehr darauf achten, dass der Klang im Forte nicht kaputt geht. In anderen Häusern wird das Piano verschluckt. All das führt dazu, dass man nicht wirklich frei spielen kann, sondern auf die Akustik reagieren muss. Daher freue ich mich auch aus diesem Grund ganz besonders auf das Konzert in der Wartburg.«

Felix Klieser, Interview 2020

»Der Wartburg-Palas ist akustisch […] gar nicht so einfach zu bespielen, weil die Akustik relativ trocken anmutet und eher für Kammermusik taugt. Da kommt uns dann wiederum unsere Besetzung zugute, denn zu fünft sind wir kammermusikalisch besetzt. Wir müssen uns aber, trotz dem wir nun schon fast zwei Jahrzehnte regelmäßig auf der Wartburg singen, immer wieder auf den Raum einstellen. […] Für bestimmte Musik – und da zähle ich einen großen Teil des Repertoires hinein, das wir im Palas singen – ist der Raum sehr gut, für andere Musik vielleicht weniger, hier liegt dann aber die Herausforderung bei uns Interpreten, dieses den Zuhörer nicht merken zu lassen.

Im Idealfall stellt sich der Konzertbesucher die Frage nach dem Konzert nicht.«

AMARCORD, Interview 2019

»Auf der Bühne des Festsaals hört man sich selbst sehr gut. Ich habe ja hier auch einmal auf einem Tafelklavier spielen dürfen und bei einem so zarten Instrument stellt man schon fest, wie gut die Akustik des Raumes ist. Dass diese Decke den Klang so gut transportiert, das ist etwas Besonderes und Schönes.«

Ragna Schirmer, Interview 2019

»Die Akustik des Wartburgsaales ist wirklich etwas Besonderes. Egal ob eine einzelne Akustik-Gitarre, ein Cello, ein Cembalo, eine Jazz Band, ein Brass Ensemble oder ein Symphonieorchester auf der Bühne spielt, es klingt einfach immer gut, egal ob im leeren oder voll besetzten Saal. Der Festsaal kann akustisch problemlos mit den großen Konzertsälen dieser Welt mithalten.«

Otto Sauter, Interview 2019

Die Wartburg als »konzertante Weltbühne« — Der MDR-Musiksommer

Dorothee Menke

Der MDR-Musiksommer ist ein jährlich in den Sommermonaten an unterschiedlichen Spielstätten und bedeutenden Sehenswürdigkeiten in den drei Bundesländern Sachsen, Sachsen-Anhalt und Thüringen veranstaltetes Musikfestival. Es widmet sich vorwiegend der klassischen Musik, unternimmt jedoch auch Ausflüge in die Sparten Jazz, Weltmusik und Crossover. 1992 ins Leben gerufen, gastierte das Festival bereits im Folgejahr 1993 erstmalig mit drei Konzerten auf der Wartburg. Die Premiere am 31. Juli 1993, bei der das Vermeer-Quartet aus den USA »dem atemlos faszinierten Eisenacher Konzertpublikum«[1] Werke von Haydn, Ligeti und Tschaikowski zum Besten gab, wurde live im MDR »von der Wartburg in den größten Teil Deutschlands [...] und darüber hinaus bis nach Frankreich und Spanien, Ungarn und Dänemark«[2] übertragen.

Die mittlerweile seit über einem Vierteljahrhundert stattfindenden Konzerte auf der Wartburg haben sich als fester Bestandteil des Musiksommers etabliert; mit bisher 152 Auftritten von Künstlern aus gut 30 Nationen gehört die Reihe »zu den traditionsreichsten und erfolgreichsten des Festivals«.[3] 2004 erhielt die Wartburg den Titel *Partner des MDR-Musiksommers*. »Die Wartburg wurde ausgewählt, weil kein anderer Ort das Anliegen des Musiksommers — Kulturgeschichte Mitteldeutschlands erlebbar zu machen — besser verdeutliche. ›Weil es die Wartburg-Stiftung [...] nicht bei einer Konservierung des alten Mythos beließ, sondern das Denkmal zu einem lebendigen Ort kultureller Begegnung mit internationalem Flair fortentwickelte‹, hieß es in der Begründung.«[4]

In jedem Jahr können die Zuhörerinnen und Zuhörer in den Sommermonaten, meist im Juli und August, auf der »konzertanten Weltbühne«[5] im Festsaal der Wartburg hochkarätiger Kammermusik lauschen. Während zu Beginn der Reihe nur drei jährliche Konzerte abgehalten wurden, fanden in Spitzenzeiten sieben oder acht Aufführungen statt; in den letzten Jahren hat sich die Zahl auf fünf Konzerte im Sommer eingependelt. Mehrfach wurden die Veranstaltungen unter einem speziellen Oberthema subsumiert. Im Fokus stand etwa Klaviermusik: 1999 wurden »Große Pianisten auf der Wartburg« gefeiert, 2003 und 2008 spielten »Junge Pianistinnen« im Festsaal. Der Schwerpunkt Vokalmusik wurde 2000 mit »Meister-Sänger auf der Wartburg« und 2004 mit »Vocal genial« verfolgt. Bestimmten Musikformen waren die Programme »MusikWelt — WeltMusik«, »Internationale Kammerorchester« und »Quartett-Plus« in den Jahren 2001, 2002 und 2005 gewidmet. Hinzu kamen Jubiläumsprogramme, in denen die musikalischen Schwerpunkte auf bestimmten Künstlern lagen, etwa 2006 auf Robert Schumann und Dmitri Schostakowitsch, 2010 erneut auf Robert Schumann. 2011 standen Werke von Franz Liszt und 2013 von Richard Wagner im Zentrum. 2007 wurde aufgrund des 800. Geburtsjubiläums der heiligen Elisabeth ein »Ungarischer Akzent« gesetzt.

Neben rein musikalischen Darbietungen standen und stehen mehrfach auch berühmte Schauspieler bei Lesungen mit Musikuntermalung auf der Bühne des Festsaals. So rezitierte Udo Samel 2005 unter der Begleitung des Kuss Quartetts Texte von Bertolt Brecht. Briefe von unterschiedlichen Komponistinnen und Komponisten wurden im Schumann-Jahr 2006 von Rolf Hoppe, am Klavier begleitet von Ragna Schirmer, und im Wagner-Jahr 2013 von Ulrich

Abb. 1:
Auftritt der Pianistin
Olga Scheps am 19. 7.
2014 im Festsaal der
Wartburg

Noethen, mit Hideyo Harada am Klavier, vorgetragen. In diesem kommenden MDR-Musiksommer 2020 geht Martina Gedeck mit »Briefen und klingenden Zeugnissen«[6] gemeinsam mit dem Schumann Quartett der künstlerischen Dreiecksbeziehung von Clara und Robert Schumann mit Johannes Brahms auf den Grund.

Der Wartburg-Festsaal mit seiner besonderen Ausstattung und Akustik fasziniert Musikschaffende und Publikum gleichermaßen: »[...] auf der Wartburg auftreten zu dürfen, in diesem Ambiente, das ist für mich der Eintritt in den ›Thüringer Olymp‹«,[7] schilderte die Pianistin Alexandra Oehler im Vorfeld ihres Konzerts im Jahr 2003. Das Musizieren im historischen Palas verlangt den Künstlern und Gästen in den heißen Sommermonaten im Gegensatz zu perfekt klimatisierten modernen Konzerthäusern mitunter allerdings einiges ab. So bemerkte Ragna Schirmer bei einem Auftritt an einem besonders heißen Augustabend im Musiksommer 2008, bei dem sogar Erfrischungstücher an die Besucher verteilt wurden: »Noch nie war es auch nur annähernd so warm wie heute!«[8] Das »rundum begeisterte« Publikum bewies an diesem Abend in der »Palas-Sauna« wie die Künstlerin Durchhaltevermögen.[9]

Neben den Musikerinnen und Musikern von Weltrang mögen es auch das imposante Interieur des Festsaals und die historische Atmosphäre sein, die am Ende für alle Entbehrungen des Komforts entschädigen…

1 Artikel »Streichquartett begeisterte Freunde klassischer Musik«. In: Thüringer Allgemeine, 5. 8. 1993.
2 SIEGFRIED WEYH: Bedachtsame Vorleserin mit Violine. In: Mitteldeutsche Allgemeine, 2. 8. 1993.
3 Internetseite des MDR-Musiksommers zu den Konzerten auf der Wartburg: URL: https://www.mdr.de/musiksommer/ konzertreihen/mdr-musiksommer-reihe-wartburg100.html (Stand: 3. 3. 2020).
4 Artikel »Wartburg ist lebendiger Ort für Kultur«. In: Thüringer Allgemeine, 29. 4. 2004.

5 Siehe die Internetseite des MDR-Musiksommers zu den Konzerten auf der Wartburg (wie Anm. 3).
6 Konzertankündigung auf der Internetseite des MDR: URL: https://www.mdr.de/konzerte/konzertkalender/konzert3360_ day-15_month-8_year-2020_zc-887db300.html (Stand: 3. 3. 2020).
7 Mitteldeutsche Zeitung Halle/Saalkreis, 14. 6. 2003.
8 KLAUS-PETER KASCHKE: Ein meisterhafter Tastentanz in der »Palas-Sauna«. In: Thüringische Landeszeitung, 4. 8. 2008.
9 Ebenda.

Geteiltez spil hieß eine Reihe von Aufführungen der besonderen Art, mit der die Zuschauer zwischen 2002 und 2006 unterhalten wurden. Die aufwändig inszenierten mittelalterlichen Schauspiele mit historischem Gesang, Instrumenten und Kostümen ließen die Zeit des Minnesangs am Hof Landgraf Hermanns I. wieder aufleben.

»Unser Konzert [...] im Herbst 2017 kann ich rückblickend aus vielerlei Perspektiven erinnern — etwa als erste, ungeprobte Begegnung unseres Trios mit dem französischen Saxophonisten Emile Parisien; als Nachwort zu einer Studiosession mit dem Trio, die gerade einmal ein paar Tage zuvor in Oslo stattgefunden hatte; als erstes Konzert eines neuen Kapitels für das Trio, in dem viele neue Stücke zum ersten Mal auf der Bühne und vor Publikum gespielt wurden. Sicher bin ich, dass nur die besonderen Umstände dieses Orts ([...] Akustik, Architektur, Umgebung und Geschichte [...]) das Konzert zu diesem besonderen Moment haben werden lassen, der vor Konzertbeginn noch nicht abzusehen war.

Der Ort prägt die Musik — manchmal so sehr, dass das aus dem Mitschnitt resultierende Album dies bereits im Titel ankündigt. In diesem Sinne: ich bin sehr froh und dankbar, dass es ein Album meines Trios gibt, das den Namen der Wartburg trägt.«

MICHAEL WOLLNY, 2020

Michael Wollny Trio feat. Emile Parisien
Jubiläumskonzert »ACT25« der Lippmann + Rau-Stiftung
am 15. 9. 2019 im Festsaal der Wartburg

Vom »Zauber des Barock« und »Weihnachtsliedern aus aller Welt« – Wartburg-Festival und Adventskonzerte

Daniel Miksch

In den Reigen der Konzertveranstaltungen auf der Wartburg reiht sich seit 2004 auch das Wartburg-Festival unter künstlerischer Leitung des Trompeters Otto Sauter ein.[1] Die Idee dazu kam ihm, als er auf dem Rückweg eines Besuches an der Wartburg vorbeifuhr und fasziniert bemerkte: »da oben möchte ich ein Festival machen.«[2] Was als Idee begann, wurde rasch in die Tat umgesetzt und so erfreuten seit der Premiere am 8. Mai 2004 bis Jahresende 2019 bereits 81 Konzerte die Gäste auf der Wartburg. Die Festival-Abende stehen dabei immer unter bestimmten Themen und erzeugen durch ihre breite Aufstellung ein sehr vielfältiges Gesamtbild: Ob im »Zauber des Barock« klassische Werke berühmter Komponisten mit Blechbläsern, Streichern, Piano oder Orgel und Gesang erklingen, in der »Langen Nacht der Trompete« international renommierte Blechbläser Highlights aus Barock, Jazz, Blues oder Filmmusik spielen oder in der »Venezianischen Weihnacht« italienische Komponisten des 17. und 18. Jahrhunderts Beachtung finden, stets ist das musikalische Repertoire sehr breit gefächert, »gelingt es Otto Sauter, dem künstlerischen Leiter der Veranstaltungsreihe, doch immer wieder, das Publikum mit einem ausgefeilten und innovativen Programm voller Überraschungen zu begeistern« (Abb. 1).[3]

Abb. 1:
Otto Sauter mit Musikern der Russischen Kammerphilharmonie zur »Petersburger Schlittenfahrt« am 14. 12. 2014 im Wartburgfestsaal

Neben regelmäßig wiederkehrenden Mottos finden dabei auch immer wieder spezielle Motive oder auch die besondere Würdigung einzelner Komponisten Eingang, was sich in Themen wie »The Power of Parsifal – Jazz meets Classic – Richard Wagner auf einer Reise um die Welt«[4] (2006), »Jazz-Legenden auf der Wartburg – Paul Kuhn in Concert« (2009) oder »Message in a Bottle« mit Sting-Gitarrist Dominic Miller und Jazz-Pianist Yaron Herman (2009), oder in »Latin Passion« mit der südafrikanischen Tänzerin Motsi Mabuse (2012), in »Magic of the Flute« als Flöten-Piano-Konzert (2015), in »Lovesongs in the Night« mit Edson Cordeiro (2017) oder im Programm »Stars von Morgen« mit jungen Musikerinnen und Musikern auf dem Weg zur Weltkarriere (2018) widerspiegelt, um nur einige zu erwähnen.

Mögen Frühjahr, Sommer und beginnender Herbst durch Wetter und Natur auch die prädestinierteren Jahreszeiten für Konzertveranstaltungen auf einer Höhenburg sein, den Zauber des Advents mit seinem ganz eigenen, besinnlichen Charme der Vorweihnachtszeit erreichen sie nicht. Und so erfreut sich die Wartburg auch im Monat Dezember an musikalisch beeindruckenden Konzerten. Seit 2000 steht jährlich an mehreren Konzertabenden im Advent das berühmte Vokalensemble amarcord auf der Bühne des Festsaals und versetzt das Publikum mit seinem A-Cappella-Gesang in vorweihnachtliche Stimmung (Abb. 2).[5] Die fünf ehemaligen

Abb. 2:
Das Ensemble amarcord beim Konzert »Weihnachtslieder aus aller Welt« am 7. 12. 2014 im Festsaal der Wartburg

Mitglieder des Leipziger Thomanerchors begeistern dabei mit Kompositionen berühmter Musikschaffender von Mittelalter bis Gegenwart sowie Weihnachtsliedern aus aller Welt und bieten Highlights aus ihrem reichhaltigen Repertoire dar, wobei sie neben ihrem Gesangstalent auch ihre Sprachgewandtheit beweisen, »singen sie doch nicht nur in Deutsch, Spanisch, Französisch und Englisch, sondern auch in exotischen Sprachen wie Polnisch, Finnisch, Schwedisch oder später in Yoruba, einem afrikanischen Dialekt aus Nigeria.«[6]

Zur Tradition sind mittlerweile auch die Adventskonzerte mit Otto Sauter geworden. Seit 2008 laufen regelmäßig an den Vorweihnachtswochenenden Konzerte unter dem Motto »Swinging Christmas Melodies« (bisher 23 Konzerte) im Zusammenspiel mit Ten of the Best, einem Ensemble von zehn der besten Trompeter der Welt, mit Begleitung durch Piano, Schlagzeug, Gitarre oder Bass. Dabei erklingen Werke von Klassik bis Pop.

Zahlreiche weitere Adventskonzerte runden das Angebot auf der Wartburg alljährlich ab, sodass wohl für jeden Geschmack etwas dabei ist. In den Jahren 2016, 2017 und 2019 erfreute auch die berühmte klassische Sängerin Eva Lind mit mehreren Konzerten, unter anderem dem »Barocken Winterzauber« und dem »Winterweihnachtszauber auf der Wartburg«, das Publikum und führte es mit einem reichen Repertoire an weihnachtlichen Stücken festlich in die Vorweihnachtszeit.[7]

Betrachtet man den Erfolg der Formate, lässt sich getreu des von Otto Sauter im Wartburg-Festival-Rahmen ausgerufenen Mottos »Besondere Musik braucht besondere Orte«, mit Fug und Recht behaupten, dass Wartburg-Festival und Adventskonzerte ihren festen Platz in der musikalischen Wartburggeschichte gefunden haben.

1 Siehe das vollständige Interview mit Otto Sauter auf S. 148f. in diesem Band.
2 Ebenda.
3 KLAUS-PETER KASCHKE: »Der Ohrwurm vom Mädchen aus Ipanema«. In: Thüringer Allgemeine, 7. 10. 2015.
4 Das Konzert war zugleich Bestandteil des deutschlandweiten Musikfestivals »Playtime Live Concert Tour« zur FIFA WM 2006.

5 Siehe das vollständige Interview mit amarcord auf S. 151f. in diesem Band.
6 KLAUS-PETER KASCHKE: Lieder aus aller Welt. In: Thüringische Landeszeitung, 18. 12. 2012.
7 Siehe das vollständige Interview mit Eva Lind auf S. 153f. in diesem Band.

»Auch die Konzerte auf der Wartburg in den letzten Jahren waren jedes Mal ein großes Erlebnis für mich und ich freue mich wirklich immer schon das ganze Jahr auf den Winterweihnachtszauber auf der Wartburg. Ein Besuch des Weihnachtsmarktes ist bei mir übrigens auch immer auf dem Programm... da finde ich regelmäßig originelle Weihnachtsgeschenke – und die gebrannten Mandeln sind auch himmlisch gut!«

EVA LIND, Interview 2019

»Dieses Wochenende [mit den Adventskonzerten auf der Wartburg] ist für uns sogar so wichtig, dass wir seit über einem Jahrzehnt an einem der Tage im Anschluss an das Konzert mit unseren Familien ein mittlerweile traditionelles Weihnachtsgans-Essen veranstalten. Auch daran kann man ablesen, welchen Stellenwert diese Konzerte bei uns haben.«

AMARCORD, Interview 2019

Historischer Weihnachtsmarkt 2019 auf der Schanze
der Wartburg mit der Gruppe Piro Zores

Interviews

Daniel Miksch

Interview mit Ragna Schirmer

Ragna Schirmer begeistert als weltweit gefeierte Pianistin das Publikum seit vielen Jahren. Die künstlerische Auseinandersetzung mit dem Leben und Werk Clara Schumanns bildet einen Schwerpunkt der Arbeit der zweimaligen Gewinnerin des Leipziger Johann-Sebastian-Bach-Wettbewerbs und Echo-Klassik-Preisträgerin. Auf der Wartburgbühne ist Ragna Schirmer eine »gute Bekannte« und im Rahmen des MDR-Musiksommers bereits mehrfach aufgetreten. So begleitete sie etwa 2006 Rolf Hoppe bei einer Lesung aus den Briefen Clara Schumanns am Klavier, im Wagner-Jahr 2013 spielte sie auf einem historischen Tafelklavier. Zuletzt gastierte sie im Clara-Schumann-Jubiläumsjahr 2019 mit dem Programm »Claras Lieblingswerke« im Festsaal.

Sehr geehrte Ragna Schirmer, Sie haben ja auch vor dem heutigen Auftritt schon auf der Wartburg gespielt. Was ist es für ein Gefühl hier aufzutreten?

Ragna Schirmer: *Grundsätzlich liebe ich historische Orte und vor allem solche, an denen schon sehr viel und oft musiziert wurde. Die Wartburg ist unter all den historischen Stätten, die es in Mitteldeutschland glücklicherweise reichlich gibt, ein besonders herausragender Ort, weil sich so viele Traditionsstränge hier vereinen. Gleichzeitig ist die Wartburg immer noch sehr lebendig. Man spürt hier wirklich im wahrsten Sinne des Wortes lebendige Geschichte. Die Menschen kommen in Scharen als Touristen und dabei ist eine große Achtung und ein kulturelles Flair in der Luft, das finde ich einfach immer wieder berührend.*

Die Geschichte der Wartburg ist von vielen namhaften Musikern geprägt, ob es der Sängerkrieg mit seinen zahlreichen Minnesängern ist, ob es Wagners *Tannhäuser*-Rezeption ist oder Franz Liszt. Was verbinden Sie darüber hinaus persönlich mit der Wartburg, vielleicht auch fernab der musikalischen Bühne?

Ragna Schirmer: *Ich habe ein ganz besonderes Erlebnis gehabt: Mitte der 80er Jahre war ich als Teenager mit meinen Eltern auf einer Reise in die DDR. Wir haben uns die kulturell wichtigen Orte angeschaut, darunter war auch die Wartburg in Eisenach. Ich weiß noch, dass wir eine Führung bekamen und als West-Touristen unter großer Aufsicht standen. Ich stand hinten an der Absperrung im Festsaal, den Saal durfte man damals nicht durchschreiten. Und ich dachte so bei mir, was wäre das für ein Traum, einmal auf dieser Bühne zu spielen. Das war aber für mich zu diesem Zeitpunkt, erstens hinsichtlich der Teilung Deutschlands, und zweitens, da das Klavierspielen für mich zwar schon Lebenstraum, aber noch nicht gelebte Realität war, in weiter Ferne. Und als ich dann in den 90er Jahren das erste Mal hier auftreten durfte, wären mir auf der Bühne fast die Tränen gekommen, weil ich mich an diesen Moment so stark erinnerte und er tatsächlich Wahrheit geworden war. Ich kann heute nicht den Festsaal betreten ohne die Erinnerung an diesen Moment vor mittlerweile 35 Jahren.*

Sie haben den Festsaal bereits angesprochen, in dem die Wartburgkonzerte stattfinden. In den Gästebüchern, in denen sich die Musikerinnen und Musiker anlässlich ihrer Auftritte verewigen, liest man von »der wunderbaren Atmosphäre« oder »einer besonderen Ehre, hier spielen zu dürfen«. Was macht Ihrer Meinung nach den Reiz dieser Bühne im Vergleich zu anderen Spielorten aus?

Ragna Schirmer: *Vielleicht ist meine Antwort ganz profan, aber es gibt natürlich Orte, deren historische Bedeutung so groß ist, dass sie eben auch die Zeiten unbeschadet überstanden haben, in denen man mit historischen Denkmälern nicht behutsam umgegangen ist. Das trifft glücklicherweise auf die Wartburg zu. Es gibt viele Theater, Schlösser und andere Orte, über die Jahrhunderte der Zerstörungen hinweggefegt sind und bei denen man jetzt versucht, den historischen Zustand künstlich wiederherzustellen. Das hat optischen Reiz, aber die Energie des Originalen ist verloren. Aber hier im Festsaal der Wartburg kommt zu allen optischen und akustischen Reizen auch dieser energetische Reiz der Historie, man spürt ihn wahrhaftig, weil er erhalten wurde. Der Raum atmet Originalität und ist gleichzeitig im Heute präsent. Ich als Musikerin fühle das sehr genau.*

Eine Frage noch zum akustischen Reiz und zu Ihrem Spürsinn. Lange Zeit existierte der Mythos, dass Franz Liszt als Hofkapellmeister in Weimar diese besondere Deckenkonstruktion im Festsaal inspiriert habe. Was ist Ihrem Empfinden nach das Besondere an der Akustik im Festsaal? Entfaltet sie sich anders als in anderen Häusern?

Ragna Schirmer: *Auf der Bühne des Festsaals hört man sich selbst sehr gut. Ich habe ja hier auch einmal auf einem Tafelklavier spielen dürfen und bei einem so zarten Instrument stellt man schon fest, wie gut die Akustik des Raumes ist. Dass diese Decke den Klang so gut transportiert, das ist etwas Besonderes und Schönes. Insofern ließ sich wohl nicht nur Franz Liszt inspirieren!*

Interview mit Philippe Bach

Philippe Bach ist als Musiker und Dirigent auf vielen internationalen Bühnen aufgetreten und hat zahlreiche Auszeichnungen erhalten. Nach Stationen in der Schweiz, in Manchester und Madrid ist er seit 2011 Generalmusikdirektor der Meininger Hofkapelle und des Südthüringischen Staatstheaters Meiningen und in dieser Funktion für die musikalische Leitung von Konzerten und Opern verantwortlich. Zu diesen zählt unter anderem Richard Wagners romantische Oper *Tannhäuser und der Sängerkrieg auf Wartburg*, die im Festsaal des Wartburgpalas seit 2010 halbszenisch aufgeführt wird und bei beinahe jeder Vorführung ausverkauft ist.

Sehr geehrter Philippe Bach, was macht Ihrer Meinung nach den Reiz des *Tannhäusers* auf der Wartburg aus? Warum ist er so beliebt?

Philippe Bach: *Wagners Tannhäuser am Originalschauplatz vom 2. Akt zu erleben, ist natürlich das Nonplusultra für jeden Musiker und Opernliebhaber. Hinzu kommt natürlich die unglaubliche Schönheit der Wartburg, deren Festsaal und der Umgebung. Wenn Wolfram den Abendsegen singt und gleichzeitig die Sonne untergeht, wird man tief berührt. Das Publikum ist außerdem sehr nahe an den Sängern, man kann jedes Wort deutlich hören, was bei Wagner in vielen Theatern nicht immer einfach ist.*

Die Handlung des Stücks dreht sich um mittelalterlichen Minnesang, um Frauenlob sowie um ein irdisches und himmlisches Liebesideal. Worin sehen Sie die Aktualität des Stücks und welche Botschaft kann es für unsere moderne Gesellschaft vermitteln?

Philippe Bach: *Die Aktualität besteht sicher darin, dass die Gesellschaft zwar bestrebt ist – gerade wenn es um Geschlechterfragen oder um die Liebe geht – von Idealen wegzukommen. Dennoch aber werden uns von den Medien mehr Ideale präsentiert als je zuvor. Wagners Tannhäuser kann deshalb durchaus auch in der heutigen Zeit immer wieder die Diskussion anstoßen, ob es so etwas wie ein Liebesideal überhaupt gibt, oder ob nicht jeder für sich entscheiden muss, wie und auf welche Weise er die Liebe erleben möchte.*

Der Festsaal des Wartburgpalas bietet aufgrund seiner räumlichen Situation weniger Platz als weiträumige Theaterbühnen oder Konzerthallen. Wie kompliziert gestaltet sich die Anpassung an diese spezielle Bühne zur Realisierung einer Opernaufführung?

Philippe Bach: *Die einzige Schwierigkeit besteht darin, dass die Sänger hinter dem Dirigenten singen. Aber mit heutiger Technik kann man das relativ leicht mit Bildschirmen lösen, so können die Sänger den Dirigenten permanent sehen. Ansonsten gibt es nur Vorteile: Sänger und Orchester sind sehr nahe beieinander und können sich jederzeit problemlos hören und aufeinander reagieren.*

Die Einrichtung der heutigen Decke des Festsaals, in Halbtrapezform und in hölzerne Kassetten unterteilt, geschah im Zuge der Wiederherstellung der Wartburg im 19. Jahrhundert. Wie wirken sich Ihrem Empfinden nach die Architektur des Raumes und diese Deckenkonstruktion auf den Klang und die Akustik aus?

Philippe Bach: *Die Akustik ist fantastisch. Der Saal hat eine ähnliche Form wie sie viele der besten Konzertsäle der Welt haben, welche nach dem Schuhschachtel-Prinzip entwickelt wurden: Wiener Musikverein, Tonhalle Zürich, Concertgebouw Amsterdam oder die Laeiszhalle in Hamburg, um einige Beispiele zu nennen. Außerdem ist Holz optimal für einen guten Klang. Weder überakustisch wie z.B. in Kirchen, noch zu trocken.*

Interview mit Otto Sauter

Der weltweit führende Piccolo-Trompeter Otto Sauter, der sich vor allem der Barockmusik verschrieben hat, füllt Konzertsäle auf der ganzen Welt. 1991 gründete er das Ensemble Ten of the Best, das zehn der weltbesten Trompeter vereint. Als umtriebiger Initiator hat er zahlreiche Festivals und Konzertreihen ins Leben gerufen. Auch auf der Wartburgbühne nimmt er eine prominente Stellung ein: Im Jahr 2004 hat er als künstlerischer Leiter das Wartburg-Festival eröffnet, zu dem jährlich berühmte Musiker auf der Wartburg spielen. Otto Sauter selbst tritt regelmäßig im Festsaal der Wartburg auf, ob zur „Langen Nacht der Trompete" oder mit Ten of the Best bei „Swinging Christmas Melodies".

Sehr geehrter Otto Sauter, was ist das für ein Gefühl hier im Festsaal zu spielen?

Otto Sauter: *Für mich ist es immer wieder ein ganz besonderes Gefühl, hier auf der Wartburg zu spielen, an diesem historischen Ort. Martin Luther hat um die Ecke die Bibel übersetzt, Johann Sebastian Bach ist am Fuße der Wartburg zur Welt gekommen und Richard Wagner wurde von der Wartburg zu seiner romantischen Oper Tannhäuser und der Sängerkrieg auf Wartburg inspiriert.*

Die Geschichte der Wartburg ist geprägt von namhaften Musikern und klangvollen Ereignissen. Ob Wolfram von Eschenbach im sagenhaften Sängerkrieg, Richard Wagners Rezeption im *Tannhäuser* oder Franz Liszts *Legende von der heiligen Elisabeth*. Was verbinden Sie persönlich – vielleicht auch fernab der musikalischen Auftritte – mit der Wartburg?

Otto Sauter: *Als ich 1995 mit dem Philharmonia Orchestra, unter der Leitung von James Levine, für Prinz Charles im St. James Palace in London gespielt habe, stand die Bühne direkt vor dem Gemälde Heinrichs VIII. von Holbein. Es war ein sehr bewegender Moment für mich. Von da an habe ich überlegt: an welchen Orten könnte ich noch Konzerte machen, die ähnlich berührend sind? So habe ich mich aufgemacht, um im Vatikan zu spielen, vor Papst Johannes Paul II., und als ich vor vielen Jahren aus Leipzig kam, wo ich mich mit meinem Freund, dem Gewandhausdirektor Andreas Schulz, getroffen habe, bin ich auf dem Rückweg an der Wartburg vorbeigefahren und war so fasziniert, dass ich gesagt habe: da oben möchte ich ein Festival machen. 2004 haben wir dann das Wartburg-Festival ins Leben gerufen und bis heute, 16 Jahre später, ist es für mich immer wieder eine große Freude, hier auf der Bühne zu stehen. Es ist jedes Mal, als würde ich nach Hause kommen.*

In Ihrer Vita ist von Ihrem Motto »Außergewöhnliche Musik braucht außergewöhnliche Orte« zu lesen. Sie haben bereits auf vielen Bühnen weltweit gespielt. Was macht Ihrer Meinung nach gerade die Wartburg als Bühne besonders? Was unterscheidet sie von anderen Bühnen?

Otto Sauter: *Wenn ich unterwegs auf meinen internationalen Touren bin, spiele ich in vielen faszinierenden modernen Sälen mit großartiger Architektur. Aber nach einigen Monaten kann ich mich eigentlich nicht mehr daran erinnern, wie genau diese Säle ausgesehen haben. Hier bei der Wartburg ist das anders, sie hat einfach ihren ganz eigenen Charme und es ist immer ein unbeschreibliches Gefühl hier zu sein. Genauso geht es meinen Musikerkollegen, die ich hierhin einlade. Sie sind jedes Mal überwältigt, wenn wir die Wartburg schon von der Autobahn aus oben über den Baumwipfeln des Thüringer Waldes thronen sehen, sie die letzten Meter Fußmarsch hoch in den Palas antreten und erst recht, wenn sie den Festsaal betreten und auf der Bühne stehen.*

Die Architektur des Festsaals und besonders seine (halbtrapezförmige) Decke begünstigen die Akustik. Lange Zeit hielt sich gar der Mythos, Franz Liszt als Hofkapellmeister in Weimar habe diese Deckenform eigens für diesen Ort empfohlen. Inwiefern wirkt und entfaltet sich die Musik hier anders?

Otto Sauter: *Die Akustik des Wartburgsaales ist wirklich etwas Besonderes. Egal ob eine einzelne Akustik-Gitarre, ein Cello, ein Cembalo, eine Jazz Band, ein Brass Ensemble oder ein Symphonieorchester auf der Bühne spielt, es klingt einfach immer gut, egal ob im leeren oder voll besetzten Saal. Der Festsaal kann akustisch problemlos mit den großen Konzertsälen dieser Welt mithalten.*

Gibt es im Rückblick auf Ihre zahlreichen Auftritte auf der Wartburg einen ganz besonderen Abend, einen stark emotionalen Moment oder ein schönes Erlebnis, an das Sie sich immer gern erinnern?

Otto Sauter: *Bei der Antwort dieser Frage könnte ich wahrscheinlich stundenlang erzählen. Erlauben Sie mir, Ihnen zwei ganz unterschiedliche emotionale Momente wiederzugeben.*

30. Juni 2006, es war die Zeit der Fußball WM in Deutschland. Ich war mit meinem Ensemble Ten of the Best für die FIFA zu Gast auf der Wartburg. Die Konzerte beginnen bei uns normalerweise um 19:30 Uhr, nicht aber an diesem Abend. Der Grund dafür war ein ganz besonderes WM Spiel, das Viertelfinale Deutschland – Argentinien. Spielbeginn 17:00 Uhr, normalerweise kein Problem, was die Zeit betrifft, wenn es da nicht eine Verlängerung mit einem anschließenden Elfmeterschießen gegeben hätte, welches kurz nach 19:30 Uhr begann. So haben wir gemeinsam mit dem Publikum jeden verwandelten deutschen Elfmeter bejubelt und danach gemeinsam den Sieg der deutschen Mannschaft mit unserem Ten of the Best Konzert gefeiert.

Eine weitere höchst emotionale, ja sogar tränenreiche Geschichte, die mich immer wieder »amüsiert«, ist folgende. Ich war als Solist mit der Capella Istropolitana und einem sehr anspruchsvollen Programm auf der Wartburg. Wenige Stunden vor dem Konzert brach mir ein oberer Backenzahn heraus, der Nerv lag offen und ich hatte starke Schmerzen. Um diese zu lindern, nahm ich 4 starke Schmerztabletten, jedoch ohne die erhoffte Schmerzlinderung. Die Schmerzen waren während des Konzertes beim Spielen so unerträglich, dass mir ein paar Tränen flossen. Nach dem Konzert kam eine Dame aus dem Publikum auf mich zu und sagte: »Herr Professor, ich habe gesehen, dass sie von der Musik genauso emotional gerührt waren wie ich. Es war einfach wunderbar.«

Interview mit Dieter Gasde

Der in Eisenach lebende Bluesmusiker Dieter Gasde ist nicht nur in der Wartburgstadt eine musikalische Instanz. Er spielte und spielt in mehreren Kombinationen und Bands, unter anderem in der 1974 in Eisenach

gegründeten Gruppe Travelling Blues, in Good News, dem String Blow Trio oder den Monkey Orchids. Sein Engagement für die regionale und die Eisenacher Musikkultur bezeugen zahlreiche Projekte und Auftritte, die ihn immer wieder auch auf die Wartburg geführt haben. Hier trat Dieter Gasde im Rahmen von Wartburgkonzerten und Ausstellungseröffnungen im Festsaal des Palas, im Museum und natürlich zu den Bluesnächten auf dem Burghof der Wartburg auf.

Sehr geehrter Dieter Gasde, am 23. Mai 1986 spielten Sie mit Travelling Blues im Wartburg-Festsaal vor zahlreichen jungen Erwachsenen. Im Protokoll des Auftritts wurde resümierend festgehalten: »Das Konzert war gut, das Publikum begeistert, die Musik insgesamt zu laut!« Woran denken Sie, wenn Sie sich an dieses Konzert zurückerinnern?

Dieter Gasde: Ich kann mich an das Konzert noch erinnern und dass es zu laut war, kann ich mir auf jeden Fall vorstellen. Mein Eindruck war damals, dass unsere Musik für die Gäste sicherlich okay war, aber wir waren am falschen Ort. Die Wartburg sollte zugänglich gemacht werden für die Arbeiterjugend und der elitäre Ort sollte geöffnet werden, um von der Jugend in Besitz genommen zu werden. Die ausgewählten Bands haben vor allem Jugendliche angezogen. Der Festsaal hat sich jedoch für die Art, wie damals Blues-Veranstaltungen durchgeführt wurden, mit Tanzen, mit Trinken eigentlich überhaupt nicht geeignet – von der Akustik mal abgesehen, die immer sehr schön ist dort. Allein, eine Blues-Veranstaltung im Palassaal durchzuführen, ging eigentlich überhaupt nicht. Blues spielte sich in der DDR auf Dorfsälen ab, in Studentenclubs oder Jazzclubs oder irgendwelchen Insider-Bauernhöfen, die Veranstaltungen machten. Das ging dort immer sehr locker und mit viel Alkohol, Rauchen, Tanzen und Bewegung zu. Allein die Stühle im Festsaal störten, denn dass das Publikum saß, um einer Bluesband zuzuhören, das passte eigentlich gar nicht zusammen. Ich habe immer gedacht, dieser heilige Ort Wartburg wird entweiht, indem man hier eine ganz normale Blues-Veranstaltung durchführt.

Dennoch ist das Konzert auch ohne Tanzen, Rauchen und Trinken sehr gut angekommen.

Dieter Gasde: Dem Publikum hat es davon abgesehen gefallen, ja. Man ist überdies durch den Festsaal in einer gewissen Weise eingeschränkt. Vielleicht war es aber gerade gut, dass die Leute dadurch gezwungen waren zu sitzen und einfach nur der Musik zu lauschen, anders als sonst üblich. Das hat natürlich auch einen Anspruch an die Band, dann entsprechend zu spielen, wenn man die Leute nur vor sich sitzen hat. Es ist einfach ein großer Unterschied und dies ist wohl der positive Aspekt an der Sache. Mein Gesamteindruck war damals aber – auch weil man den Blues anders und in anderer Umgebung gewöhnt war – dass es dadurch für uns mit viel Aufregung verbunden war, auf der Wartburg spielen zu dürfen; andererseits war es ja so gewünscht, und es kamen viele Jugendliche mal hoch auf die Wartburg, aber eigentlich ist es nicht der richtige Ort und auch nicht die richtige Musik hier.

Welche Auftritte oder Wartburg-Erlebnisse sind Ihnen darüber hinaus besonders im Gedächtnis geblieben?

Dieter Gasde: *Mir sind auf jeden Fall die Bluesnächte auf der Wartburg besonders im Gedächtnis geblieben, die ich selber damals mit angestoßen habe, auch mit moderiert habe und mich um die Bands gekümmert habe. Wir selber waren bei den Konzerten in unterschiedlicher Besetzung auch im Vorprogramm immer mit dabei, ob mit Travelling Blues, mit Good News, mit Alex Exson. Da waren sehr schöne Konzerte dabei und auch Verbindungen mit den eingeladenen Bands. An musikalischen Ereignissen war für mich außerdem das Konzert der Klazz-Brothers hier herausragend. Zu klassischen Konzerten war ich weniger auf der Wartburg, eher zu den Bluesnächten oder einer »swingenden Weihnacht«.*

Die Bluesnächte sind ja dann vor allem auf dem Wartburghof veranstaltet worden. Dies ist natürlich ganz anders als im Festsaal zu spielen. Wie empfanden Sie den Wartburghof als Bühne?

Dieter Gasde: *Es ist weniger der Wartburghof, es ist vielmehr die Wartburg als Ganzes der attraktive Ort. Als bei einer Bluesnacht das Wetter mal nicht mitspielte und der Festsaal als Ausweichraum leider nicht genutzt werden konnte, wie es sonst immer der Fall war, sind wir ins Eisenacher Bürgerhaus ausgewichen. Und obwohl es vom Musikalischen her ein sehr starker Abend war – damals hat auch Louisiana Red mitgespielt, was für mich auch ein ganz besonderer Abend war – war die Besucherzahl am Ende nur halb so groß wie sonst üblich; ganz einfach weil es nicht mehr die Bluesnacht auf der Wartburg war. Und das war es eben, neben der Musik, was die Leute angezogen hat: die Atmosphäre, der Hof, der Blick vom Berg hinunter und das Ambiente der Gebäude. Hier die Musik zu hören hat für die Leute eine große Rolle gespielt. Dies fiel nun durch die Verlegung ins Bürgerhaus weg und das merkte man deutlich an den Besucherzahlen. Das ist aber zum Glück auch nur ein einziges Mal so geschehen.*

Sie waren als Musiker in der DDR aktiv, haben die Friedensgebete in der Eisenacher Georgenkirche im Jahr 1989 musikalisch begleitet und waren anschließend viele Jahre in der evangelischen Jugendarbeit tätig. Wie haben sich die Rahmenbedingungen des Musikmachens verändert und welche Rolle kann die Musik im politischen Raum einnehmen?

Dieter Gasde: *Die Rahmenbedingungen haben sich für Musiker sehr verändert. Früher war man als Musiker durch den Staat abgesichert. Man musste eine Einstufung absolvieren und hatte danach eine Berechtigung pro Auftritt so und so viel Geld zu verlangen; das war garantiert, unabhängig davon, wie viele Zuhörer tatsächlich da waren, man hat immer dieses garantierte Geld bekommen. Man konnte dadurch als Musiker immer gut kalkulieren und wusste um dieses sichere Einkommen, egal ob man nebenher noch dieses oder jenes machte. Nach der Wende gab es das so eben nicht mehr; dann herrschte der Freie Markt und nur noch Nachfrage und Zuhörerzahlen spielten eine Rolle. Der Veranstalter musste sicher sein, diesen Auftritt auch bezahlen zu können und es musste eben immer eine gewisse Nachfrage vorhanden sein. Man war natürlich zudem plötzlich einer ganz anderen und viel größeren Konkurrenz ausgesetzt. Wenn man Blues*

spielte, waren die großen Bluesmusiker vor der Wende weit weg und nun plötzlich spielten sie überall; man musste mit allen konkurrieren. So wurde es natürlich viel schwieriger, auch bei Veranstaltern einen Fuß in die Tür zu bekommen um auftreten zu können. Als positiv hat sich dann jedoch ausgewirkt, immer in diesem Geschäft tätig gewesen zu sein. Die sich nach der Wende privatisierenden Veranstalter kannten diesen und jenen Musiker aus der Zeit vor der Wende und dadurch wurde es etwas einfacher, wenn man über die ganze Zeit hinweg eine konstante Größe war.*

Gab es Nachteile dieser staatlichen Organisationsform, bestimmte Bedingungen oder Vorschriften, an die man sich zu halten hatte, beispielsweise zu Ihrem Auftritt an den Wartburgtagen der Arbeiterjugend 1986? Oder waren Sie diesbezüglich sehr frei?

Dieter Gasde: *Bedingungen oder Vorschriften spürten wir eigentlich überhaupt nicht. Wir konnten ja immer sagen: »Blues ist die Volksmusik der unterdrückten Schwarzen in den USA« und damit waren die Genossen eigentlich immer beruhigt. Das einzige, was sie häufig gestört hat, war das Publikum, das wir anzogen: Die Fans der Bluesszene hatten in der Regel mit dem Staat nicht viel am Hut, hatten Ausreiseanträge gestellt, ließen sich nicht so leicht in das Arbeitsleben integrieren und versuchten trotz der vielen Einschränkungen doch irgendwie ein freies Leben zu führen. Und wenn sie jedes Wochenende allein von Berlin nach Thüringen fuhren, sie hatten eben ein vollkommen anderes Freizeitverhalten, kannten sich untereinander, waren vernetzt. Der Staat fand zu dieser sich selbst organisierenden Szene kaum Zugang und das war schon etwas Besonderes in der Zeit. Darüber hinaus war man als Musiker schon angehalten, 60 Prozent seiner Musik dem sozialistischen Lager nahestehend und nur 40 Prozent eher westlich beeinflusst zu gestalten; wir konnten aber immer sagen: »Das geht im Blues einfach nicht.« Zumal uns immer vorgehalten wurde, wir hätten ja über unser Leben in der DDR keinen Grund Blues zu spielen, obwohl es ja diesen Grund durchaus gegeben hätte. Als wir sagten »Es geht nicht anders, wir spielen eben zu 100 Prozent diese Musik« wurde das auch akzeptiert. Inhaltlich hatten wir dabei keine Probleme.*

Auf der Wartburg wurde und wird die verschiedenste Musik zelebriert. Über die mittelhochdeutschen Minnesänger, Richard Wagners *Tannhäuser*, den seit 60 Jahren stattfindenden Wartburgkonzerten vor allem mit klassischer Musik, den Bluesnächten oder dem jüngsten Format *HipHop meets Minnesang*. Was ist Ihrer Meinung nach das verbindende Element für diese musikalischen Darbietungen?

Dieter Gasde: *Das verbindende Element ist natürlich die Wartburg selber, und dass diese Veranstaltungen auf der Wartburg stattfanden und heute stattfinden. Musikalisch kann ich all diese Richtungen nur schwer zusammen bringen und bin auch skeptisch, ob Hiphop und Minnesang gut zusammenpassen. Sicher ist dies eine Möglichkeit, junge Menschen auf die Wartburg zu bringen, die dann hier ihren Hiphop hören, obwohl das für andere Stilrichtungen auch zutrifft. [...] Dann kommt sicherlich auch ein gewisser Anspruch an Qualität dazu als verbindendes Element; Qualität, die gefordert wird von allen, die auf der Wartburg auftreten. Nur um Leute auf die Wartburg zu ziehen, könnte man ja ansons-*

ten auch Helene Fischer auftreten lassen oder irgendwelche Volksmusik. Man sollte vielmehr versuchen, den besonderen kulturellen Anspruch an die Musikstile und die Künstler zu stellen. Alles andere wäre schlichtweg schade. Die Musik sollte an diesem besonderen Ort mit ihrem besonderen Klang im Festsaal einfach zum Genießen da sein. Etwas Besonderes. Dafür kommen die Leute hinauf.

Sie leben, arbeiten und musizieren in Eisenach und sehen die Silhouette der Wartburg regelmäßig. Was verbinden Sie in Ihrem Leben als Eisenacher, fernab der Musik, mit der Wartburg?

Dieter Gasde: Wenn ich auf meinem Balkon stehe, sehe ich die Wartburg, obwohl ich in der Weststadt wohne, von der man das nicht unbedingt erwarten würde. Für viele Eisenacher – ich stamme ja eigentlich gar nicht aus Eisenach – ist das ein ganz wichtiges Kriterium, von ihrer Wohnung aus die Wartburg sehen zu können. Dann liebe ich die Wartburg einfach als Ort, den Berg hinauf zu laufen, die Umgebung und den herrlichen Wald (von dem ich hoffe, dass man ihn noch lange so sehen wird) sowie den Blick von der Wartburg auf Eisenach und auch auf den Thüringer Wald. Gerade ich als Musiker bin auch viel unterwegs, und wenn man dann zurückkehrt nach Eisenach und man sieht die Wartburg schon von Weitem, dann weiß man einfach, man ist gleich zuhause, man kommt daheim an. Und dann ist es eben auch die Lage der Wartburg mit ihren schönen Wanderwegen drum herum. Wir laufen sehr gern dort, besonders in den ruhigeren Zeiten, wenn nicht allzu viele Touristen hier unterwegs sind und man es in Ruhe genießen kann. Und in diesem Sinne wünsche ich mir, dass man die Wartburg nicht zu weit für touristische Zwecke modernisiert und umbaut und begradigt, damit der historische Charme nicht immer mehr abnimmt, sondern das ursprüngliche weitestgehend erhalten bleibt, auch wenn ich natürlich die praktischen Gründe für gewisse Sanierungsarbeiten verstehe.

Interview mit amarcord

Das fünfköpfige Vokalensemble amarcord gründete sich im Jahr 1992 in Leipzig aus ehemaligen Thomanern. Die perfekt miteinander harmonierenden Stimmen der Tenöre Wolfram Lattke und Robert Pohlers, des Baritons Frank Ozimek und der Bässe Daniel Knauft und Holger Krause haben seither tausende Zuhörer an den verschiedensten Spielorten in aller Welt begeistert. Das umfangreiche Repertoire des mit zahlreichen Auszeichnungen geehrten Quintetts reicht von diversen historischen Stilrichtungen bis zu zeitgenössischer Musik. Seit 2000 stehen sie Jahr für Jahr in der Adventszeit auf der Festsaalbühne der Wartburg und versetzen das Publikum mit ihrer Gesangskunst in Advents- und Weihnachtsstimmung.

Sehr geehrte Herren Lattke, Pohlers, Ozimek, Knauft und Krause, liebes Ensemble amarcord, was motiviert Sie alljährlich im Advent auf die Wartburg zu kommen und die Gäste mit Ihren außergewöhnlichen Konzerten zu begeistern?

amarcord: Die größte Motivation, neben der über zwei Jahrzehnte entstandenen Tradition im Palas zu singen, ist für uns,

zu sehen, wie das Publikum unersättlich und sehr aufmerksam unserer Kunst folgt. Davon abgesehen, dass die Atmosphäre natürlich – nicht zuletzt durch den historischen Hintergrund – ihresgleichen sucht. Dieses Wochenende ist für uns sogar so wichtig, dass wir seit über einem Jahrzehnt an einem der Tage im Anschluss an das Konzert mit unseren Familien ein mittlerweile traditionelles Weihnachtsgans-Essen veranstalten. Auch daran kann man ablesen, welchen Stellenwert diese Konzerte bei uns haben. Letztendlich ist es ein Konglomerat der genannten Komponenten. Tradition, die beidseitige (unsere und die des Publikums) Liebe zur Musik, die Atmosphäre und die jährliche Wiedereinladung, die man natürlich an der Stelle auch nicht vergessen darf, denn eine solche Treue, wie sie uns die Wartburg-Stiftung entgegenbringt, ist besonders heutzutage außergewöhnlich und freut uns über die Maßen!

Wie empfinden Sie ganz persönlich diese Abende auf der Wartburg, die Stimmung der Menschen und das bevorstehende Jahresende?

amarcord: Man merkt eine gespannte Erwartungshaltung von Seiten des Publikums, weil wir versuchen, programmatisch immer wieder neue Dinge in unsere Programme einzubauen. Das wissen die Zuhörer, die schon einmal da waren. Und diejenigen, die zum ersten Mal da sind, wissen unter Umständen gar nicht recht, was sie erwartet. Daher ist es zunächst oftmals noch etwas unruhig, aber spätestens mit dem ersten Ton zeigt sich das Auditorium eigentlich immer sehr aufmerksam. Ich denke, für die Menschen, die doch vor Weihnachten heute eher durch Hektik getrieben werden, ist es ein willkommener Ruhepunkt, um von da aus besinnlich in Richtung der Feiertage zu starten. Das ist für uns genauso wichtig, die wir in der Adventszeit eine recht hohe Termindichte haben. Diese Konstanten helfen immer, sich dem Fest etappenweise zu nähern und auch in stressigeren Phasen das Ziel im Auge zu behalten.

Der Saal tut, wie zuvor angedeutet, sein Übriges. Selbst der stete, etwas kalte Luftzug auf der Bühne, hat im Wartburg-Palas einen gewissen Charme, denn man weiß als Künstler: »der hat auch schon Luther umweht«.

Sie treten auf den verschiedensten Bühnen der ganzen Welt auf. Welche Rolle spielt Ihrer Meinung nach der Vortragsort für die Entfaltung von historischer und zeitgenössischer Musik und kann der Festsaal des Wartburgpalas diesbezüglich als »günstige« Bühne bezeichnet werden?

amarcord: *Die Frage, inwieweit der Ort einen Einfluss auf die Wirkung des zu singenden Stückes hat, lässt sich vielleicht am besten anhand eines Beispiels erklären. Als ich noch Knabe im Thomanerchor war, haben wir jedes Jahr das Weihnachtsoratorium von Bach im Konzerthaus in Berlin gesungen und dann auch in der Thomaskirche. Die Wirkung war nie gleich, denn in meinen Augen ist es schon etwas anderes, ein Stück, das für eine Kirche geschrieben wurde, auch in einer solchen zu singen. Nicht nur klanglich, sondern auch der ganz inhaltliche Kontext bekommt viel mehr Kraft. So zumindest nehme ich es wahr. Insofern kann man schon sagen, dass es einer Komposition sehr helfen kann, wenn sie in dem Raum aufgeführt wird, für den sie gedacht ist. Das soll nicht heißen, dass es nicht auch Ausnahmen gibt, die auch an anderen Spielorten hervorragend funktionieren. Trotzdem hatte der Komponist ja beim Schreiben ein gewisses Klangideal vor Ohren.*

Wir bauen trotzdem in unsere Konzerte auf der Wartburg immer wieder auch Stücke ein, die eigentlich für einen Kirchenraum gedacht sind, weil sie entweder ins Programm sehr gut passen oder aber, wie beschrieben, auch außerhalb ihres intendierten Aufführungsortes klingen. Der Wartburg-Palas ist akustisch, was das angeht, gar nicht so einfach zu bespielen, weil die Akustik relativ trocken anmutet und eher für Kammermusik taugt. Da kommt uns dann wiederum unsere Besetzung zugute, denn zu fünft sind wir kammermusikalisch besetzt. Wir müssen uns aber, trotzdem wir nun schon fast zwei Jahrzehnte regelmäßig auf der Wartburg singen, immer wieder auf den Raum einstellen.

Der Begriff »günstig« ist aus den genannten Gründen schwierig pauschal zu verwenden. Für bestimmte Musik – und da zähle ich einen großen Teil des Repertoires hinein, das wir im Palas singen – ist der Raum sehr gut, für andere Musik vielleicht weniger, hier liegt dann aber die Herausforderung bei uns Interpreten, dieses den Zuhörer nicht merken zu lassen.

Im Idealfall stellt sich der Konzertbesucher die Frage nach dem Konzert nicht.

Neben Vokalmusik der Gegenwart zählt auch solche aus Mittelalter, Renaissance, Klassik und Romantik zu Ihrem Repertoire, Sie singen gregorianische Messen und Bach-Motetten. Was verbindet die Musik all jener Epochen miteinander und welche Gefühle vermag sie heute noch bei Zuhörerinnen und Zuhörern freizusetzen?

amarcord: *Was die Musik aller Epochen verbindet und für uns auch so interessant macht, sind die Motivationen und Emotionen, aus denen heraus sie entsteht. Ich will damit sagen, dass die Dinge, welche die Menschen im Mittelalter angetrieben haben, Musik zu schaffen – Dinge wie Liebe, Natur, aber auch ganz Profanes wie z.B. das Trinken – die Komponisten und Interpreten zum Teil heute noch inspirieren und antreiben. Und dass der Mensch, auch wenn er heutzutage oftmals denkt, sehr wissend zu sein, doch nicht so viel anders ist, als es die Menschen z.B. in der Barock-Zeit waren. Wir sind scheinbar sehr aufgeklärt, das was uns aber als »Homo Sapiens« antreibt und bewegt, ist dasselbe wie eh und je. Das macht es für uns spannend, quasi dem Publikum ein wenig den Spiegel vorhalten zu können und zu zeigen: so viel »besser«, als »die damals« sind wir auch nicht. Humor, Trauer, Schmerz, aber auch Freude sind die Emotionen, welche die Musik von damals auch heute noch im Rezipienten*

auszulösen vermag. Das zumindest ist das, was wir anstreben. Den Menschen als Individuum ein Stück weit mit sich selbst zu konfrontieren. Und wenn das inhaltlich mal nicht gelingt, ihn dann »wenigstens« mit gut klingender Musik zu berühren.

Das funktioniert übrigens im Säkularen wie im Sakralen. Man muss nicht gläubig sein, um sich von einer Bach-Motette berühren lassen zu können. Andersherum kann und darf man auch als streng Gläubiger über ein etwas anzüglicheres, weltliches Madrigal von Orlando di Lasso lachen. Das funktioniert nicht zuletzt auch deshalb so gut, weil zum Beispiel Bach oder auch Lassus beides konnten. Sie waren gleichermaßen gläubig, wie auch deftig im Leben. Eine Balance, die uns heute manchmal auch ganz gut tun würde als Gesellschaft, in der sich der Einzelne tendenziell vielleicht ein Stück zu wichtig nimmt. Bei allem Lustigen immer ein Stück Ernsthaftigkeit und bei allem Ernsthaften ein kleines Lächeln im Mundwinkel. Das würde uns allen helfen. Davon bin ich, davon sind wir überzeugt.

(Die Fragen an amarcord beantwortete Robert Pohlers, einer der beiden Tenöre des Ensembles.)

Interview mit Wenzel

(Hans-Eckardt) Wenzel ist als Musiker, Sänger, Komponist, Autor und Regisseur seit den 1970er Jahren eine feste Größe im deutschen Kulturleben und in der deutschen Musik. Viele seiner Werke standen auf Platz Eins der Liederbestenliste. Über vierzig herausgebrachte Alben, mehrere Gedichtbände und andere literarische Werke, zahlreiche Touren mit berühmten Kunstschaffenden durch Deutschland und andere Länder zeugen von der künstlerischen Schaffenskraft Wenzels. Dabei sind seine Werke bunt und vielfältig, erzählen Geschichten von allen Facetten des Lebens und lassen sich nicht in eine bestimmte Schublade stecken. Mehrfach war Wenzel auf der Wartburgbühne zu sehen, erstmals 1986 mit Steffen Mensching. 2010 wurde das Album »Every 100 Years – Arlo Guthrie & Wenzel Live auf der Wartburg« veröffentlicht.

Sehr geehrter Hans-Eckardt Wenzel, 1986 sind Sie im Rahmen der »Wartburgtage der Arbeiterjugend« im Duo mit Steffen Mensching im Sängersaal der Wartburg aufgetreten. Die zweiwöchige Veranstaltungsreihe stand unter dem Motto, »die Arbeiterjugend des Territoriums mit dem kulturellen Erbe der Wartburg vertraut zu machen« und »die alten Mauern mit jungem Leben [zu] füllen.« Wie war das für Sie?

Hans-Eckardt Wenzel: *Das ist ziemlich lange her. Ich kann mich nur unscharf erinnern. Aber ich habe mich sehr gefreut wieder auf der Wartburg sein zu können. Ich habe 1974 ein halbes Jahr meiner Wehrdienstzeit in Eisenach verbracht und war in dieser Zeit sehr oft auf der Burg. Also habe ich mich sehr gefreut, wieder dorthin zu kommen. Bei den Aufführungen mit Steffen Mensching, also unseren Clownsabenden oder unseren Lesungen mit Liedern, gab es immer einige Probleme mit den Veranstaltern, weil wir uns selten an dies hielten, was genehm oder genehmigt war. Ich kann mich dunkel daran erinnern, dass wir auch bei dieser Aufführung einige Diskussio-*

nen führen mussten. Aber das gehört nun mal dazu, wenn man ein wenig kühner ist als andere. Ich erinnere mich jedenfalls daran, dass ich mit großer Freude auf die Wartburg gekommen bin. Es ist immer etwas Besonderes, in diesen Mauern zu spielen.

Im Jahr 2006 traten Sie im Zuge des Sängerkrieg-Festivals gemeinsam mit Arlo Guthrie unter dem Programmtitel »Lieder auf beiden Seiten des Atlantik« auf der Wartburg auf, und 2014 war der Festsaal der Wartburg erneut Ihre Bühne. Wie sind Ihnen die Auftritte in Erinnerung geblieben, vielleicht auch im Kontrast zum Auftritt 1986?

Hans-Eckardt Wenzel: *Mit dem großen Folk-Sänger Arlo Guthrie verbindet mich eine tiefe Freundschaft. Ich habe ihn bei einem Konzert in Nashville kennengelernt und wir haben den Plan geschmiedet, dass er endlich wieder einmal, nach fast 20 Jahren Pause, nach Deutschland kommen sollte. Wir haben also eine Tournee vorbereitet und nach Partnern gesucht. Welche Freude, als sich die Möglichkeit eröffnete, auf der Wartburg spielen zu können. Arlo war sehr beeindruckt, ist es doch ein Ort, wo unsere Zunft einen Ursprungsort aufsuchen und sich mit der Geschichte in einen Dialog begeben kann. Wir haben von diesem Konzert eine sehr schöne CD produziert: »Every 100 Years – Arlo Guthrie & Wenzel Live auf der Wartburg«. Mit Unterstützung des Jazz-Archivs Eisenach und des MDR war die Produktion möglich geworden. Arlo sagte mir nach dem Konzert, dass es für ihn eine große Ehre gewesen sei, dort zu spielen und er saß noch lange nach dem Konzert auf der Bühne und bestaunte den wunderbaren Raum.*

Die musikalische Geschichte der Wartburg reicht zurück in die Zeit von Walther von der Vogelweide, Wolfram von Eschenbach und anderen Minnesängern, die

hier gar zum sagenhaften Sängerkrieg zusammengekommen sein sollen. Themen der Singstücke waren beispielsweise das Fürstenlob, höfischer Habitus oder das Besingen von Frauen und romantischen Liebesidealen. Sehen Sie Berührungspunkte zwischen mittelhochdeutscher und moderner Musik?

Hans-Eckardt Wenzel: *Selbstverständlich gibt es eine Kontinuität, eine Geschichte des Liedes. Darauf beziehen sich alle, ob nun bewusst oder unbewusst, die mit der Form des Liedes arbeiten. Ich glaube, dass sich in den Anlässen für Lieder nicht sehr viel geändert hat. In der Poesie geht es um die unbegreifbaren Phänomene des Lebens: die Liebe und der Tod. Das sind die Anlässe zum Formulieren. Wenn politische Begebenheiten in diese Phänomene hineintreiben, werden eben auch diese zu Themen. Das Lied ist eine praktikable Kunstform. Es zielt auf Zuhörer, auf Gemeinschaft. In meinem Schaffen gab es immer historische Bezugspunkte. Ob Walther von der Vogelweide, Franz Schubert, Hanns Eisler…Wenn wir unsere Wurzeln verlieren, werden wir kraftlos.*

Die Wartburg ist überdies ein Kulturdenkmal mit vielen Facetten, als Nationaldenkmal und »Mythenträger par excellence« (Herfried Münkler) wurde sie bezeichnet. Inwiefern kann solch ein Ort als Inspirationsquelle für Musiker und Künstler dienen?

Hans-Eckardt Wenzel: *Die heiligen Hallen veredeln auch das Denken, auch das Singen und das Hören. In diesem Sinne ist es sehr inspirierend, einmal darinnen auftreten zu können. Dabei entsteht etwas, das heutzutage im Verschwinden zu sein scheint: Achtung, eine Behutsamkeit der Gegenwart gegenüber der Geschichte. Die räumliche Anwesenheit vergangener Zeiten vermag den Provinzialismus zu beschränken. Es wäre wunderbar, wenn die Wartburg gerade in diesen komplizierten Zeiten ein Ort werden könnte für die jungen Sängerinnen und Sänger, die nach ihrem Weg suchen. Ein Sängerfest – ja, das wäre doch ein guter Plan.*

Interview mit Eva Lind

Die österreichische Sopranistin Eva Lind hat als klassische Sängerin wie kaum eine andere unserer Zeit die großen Konzerthallen dieser Welt in Staunen versetzt. Neben ihrem Engagement in verschiedensten Opern und klassischen Konzerten ist sie gern gesehener Gast bei den berühmtesten Festivals und in musikalischen Fernsehformaten. Von 2003 bis 2008 moderierte sie an der Seite von Gotthilf Fischer die ARD-Samstagabendsendung »Straße der Lieder«. Nachdem sie schon in den Jahren 2016 und 2017 zu Adventskonzerten im Festsaal der Wartburg aufgetreten war, gastierte Eva Lind auch zum Jahresende 2019 mit »Winterweihnachtszauber auf der Wartburg«.

Sehr geehrte Eva Lind, wie empfinden Sie ganz persönlich diese Abende auf der Wartburg und die Stimmung der Gäste zu den Konzerten?

Eva Lind: *Es ist immer ein besonderes Erlebnis, in diesem geschichtsträchtigen und wunderschönen Festsaal auftreten zu dürfen. Es geht damit los, dass man sich den »Aufstieg« zur*

Eva Lind: Das erste Mal war ich mit Dreharbeiten für die ARD auf der Wartburg. Damals habe ich zum Beispiel im weltberühmten Zimmer von Martin Luther gesungen – das war schon ein Gänsehaut-Moment. Auch die Konzerte auf der Wartburg in den letzten Jahren waren jedes Mal ein großes Erlebnis für mich und ich freue mich wirklich immer schon das ganze Jahr auf den Winterweihnachtszauber auf der Wartburg. Ein Besuch des Weihnachtsmarktes ist bei mir übrigens auch immer auf dem Programm... da finde ich regelmäßig originelle Weihnachtsgeschenke – und die gebrannten Mandeln sind auch himmlisch gut!

Interview mit 3ST ICH KITE

Die vierköpfige Band 3ST ICH KITE aus dem thüringischen Eisfeld formierte sich 2015 mit den drei Rappern Mörda (Marcus Bock), Mc Durgo (Marco Turko) und T-Raex (Tobias Schnellhardt) sowie DJ Zersch (Andreas Kirsch). Ihre Musik mit bissigen deutschen Texten ist vielseitig und umfasst Hiphop und Rap mit Dancehall- und Reggae-Elementen. 2018 wurden sie bei der achten Auflage von *HipHop meets Minnesang* auf der Wartburg mit dem Jurypreis gekürt.

Sehr geehrter Marco Turko, liebe Hiphopper von 3ST ICH KITE, in jüngster Tradition findet seit 2005 die Veranstaltung *HipHop meets Minnesang* im zweiten Burghof der Wartburg statt, bei der junge Künstler mit Reimen und Beats gegeneinander antreten, um ganz im Sinne des mythischen Sängerkrieges den Besten zu ermitteln. 2020 wird es die neunte Auflage des Events geben. Wie schwer oder leicht lassen sich Hiphop und Minnesang eigentlich unter einen Hut bringen?

3ST ICH KITE: So schwer oder leicht wie man ein Kaninchen in einem Hut verschwinden lassen kann. Es gehört zu beidem Kunst, Liebe, Phantasie und Magie dazu.

Ein stets gut gefüllter Burghof und die regelmäßige Wiederkehr der Veranstaltung sprechen für ihren Erfolg. Was fasziniert das meist noch recht junge Publikum an diesem Format?

3ST ICH KITE: Was dem Publikum gefällt, wissen wir auch nicht genau, aber wir nehmen an, dass alle wegen uns kommen. Das monumentale Bauwerk und das stolze Auftreten der Wartburgmauern kann es nicht sein. Der weitschweifende Ausblick und die malerische Landschaft kann es auch nicht sein. Der historische Hintergrund und die leckere Küche auch nicht... weder die gute Organisation der Veranstaltung noch der Charakter eines Sängerkrieges wäre ein Argument... also kann es eigentlich nur an unseren 3sten Beatz liegen. ☺

Die historischen Minnesänger wurden unter Namen wie Walther von der Vogelweide, Wolfram von Eschenbach oder Tugendhafter Schreiber bekannt. Die »Nachwuchs-Minnesänger« treten unter Pseudonymen wie 3ST ICH KITE, Fesas & Krom, ZRoyal, Gedankengut oder Delve & Funky auf. Wo liegt das verbindende Element zwischen den Jahrhunderten? Sind die historischen Themen noch aktuell?

Wartburg erstmal zu Fuß verdienen muss – aber dann wird man mit dem atemberaubenden Ausblick und der Atmosphäre dieses einzigartigen Saales belohnt. Die Stimmung der Gäste ist dadurch tatsächlich eine besonders feierliche.

Auf dem Programm 2019 standen Weihnachtslieder und Werke berühmter Komponisten um Vivaldi und Mozart. Was macht Ihrem Empfinden nach die Magie dieser Stücke aus, die es den Menschen offenbar ermöglicht, dem stressigen Alltag zu entfliehen und sich in besinnliche Advents- und Weihnachtsstimmung zu versetzen?

Eva Lind: Sie haben schon einen wichtigen Punkt genannt: die stimmungsvollen Weihnachtslieder bringen die Menschen einfach in »erhöhte Weihnachtsbereitschaft« und man spürt die Vorfreude auf Weihnachten bei allen Besuchern. Dementsprechend hat unser Publikum auch tat- und stimmkräftig mitgesungen – was natürlich auch wieder ein schönes Erlebnis für uns alle war!

Welches ist Ihr liebstes Weihnachtslied?

Eva Lind: Mein liebstes Weihnachtslied ist Süßer die Glocken nie klingen. Das habe ich bereits als ganz kleines Kind immer mit meinen Eltern unter dem Weihnachtsbaum gesungen – und sowas prägt natürlich für immer.

Auf der Wartburg und in direktem Bezug zu ihr wurde vielfältige Musikgeschichte geschrieben: Vom legendären Sängerkrieg und den mittelhochdeutschen Minnesängern, über Wander-, Volks- und Studentenlieder, bis zu Richard Wagners *Tannhäuser* und Werken von Franz Liszt. Welche musikalische Tradition verbinden Sie mit der Wartburg und welche Berührungspunkte bestehen?

3ST ICH KITE: *Walther von der Vogelweide ist einer der alten Meister der Zeremonie und ein guter Homeboy von uns, mit dem wir gerne abchillen. Er hat krasse Reime am Start und macht das schon gefühlt seit dem Mittelalter. Die große Heidelberger Liederhandschrift hat wirklich die ganze Szene zerlegt. Das verbindende Element zwischen uns ist auf jeden Fall die Poesie, der kunstvolle Umgang mit gereimten Worten und die Darbietung der lyrischen Werke auf fetten Beats. Die einzelnen Themen unterscheiden sich natürlich hier und da, aber erzählen alle vom Leben in der Hood, der Liebe und zwischenmenschlichen Beziehungen. Weiterhin ähneln sich auch definitiv die gesellschaftskritischen Texte mit klarer politischer Kante, daher an dieser Stelle großen Respekt für den Unmutston von Walther.*

Die Wartburg wird unter anderem als Musenhof bezeichnet, an dem die gerade genannten Troubadoure zu Gast waren und wirkten. Einzelne Zeugnisse aus dieser Zeit geben Auskunft über den Trubel des zeitgenössischen Wartburgalltags. Wie erleben denn die heutigen Künstler und auch das Publikum die Wartburg als Bühne, als Kulisse? Welche Rolle spielt dieser Ort für das Event?

3ST ICH KITE: *Es war traumhaft auf der Wartburg zu spielen, es war für uns eine große Ehre und wir sind dankbar, dass wir beim HipHop meets Minnesang teilnehmen durften. Es ist eine unbeschreibliche Kulisse, die viel Energie in sich trägt und daher der perfekte Austragungsort für so ein Event ist. Die Atmosphäre in einem solchen geschichtsträchtigen Ambiente ist einfach überwältigend.*

Interview mit Felix Klieser

Felix Klieser hatte schon als Vierjähriger den festen Berufswunsch, Hornist zu werden. Seinen Kindheitstraum hat er sich inzwischen durch harte Arbeit und jahrelange Übung verwirklicht. Nachdem er jüngster Hornspieler aller Zeiten an der Musikschule Göttingen, Jungstudent der Hannoveraner Hochschule und Hornist im Bundesjugendorchester war, spielt er heute mit den berühmtesten Orchestern auf den größten deutschen und internationalen Bühnen. Der 2014 mit dem »Echo Klassik« in der Kategorie Nachwuchskünstler des Jahres ausgezeichnete Musiker stand bereits im August 2015 im Rahmen des MDR-Musiksommers auf der Wartburg-Bühne und wird in diesem Jahr mit den Festival Strings Lucern das 400. Wartburgkonzert bestreiten.

Sehr geehrter Felix Klieser, am 16. Mai 2020 werden Sie zum 400. Wartburgkonzert von Deutschlandfunk Kultur im Festsaal der Wartburg spielen. Die Konzerttradition auf der Wartburg besteht seit 1958 und findet mit diesem Jubiläum einen besonderen Höhepunkt. Welche Gedanken bewegen Sie vor diesem Auftritt?

Felix Klieser: *Zunächst große Ehrfurcht! Im zweiten Gedanken: große Freude. Es kommen wirklich viele Dinge zusammen: der Ort, die Geschichte, das Repertoire, das Orchester, die Tradition, das Jubiläum und nicht zuletzt das Publikum...*

All das zusammen macht das Konzert zu einem wahren Highlight dieses Frühjahrs. Es ist ja nicht das erste Mal, dass ich auf der Wartburg spiele und ich habe sehr gute Erinnerungen an mein erstes Konzert dort. Damals hatte ich auch nach dem Konzert beim Signieren der CDs noch sehr viele schöne Begegnungen mit dem Publikum. Jetzt werde ich zwei Hornkonzerte von Mozart spielen, die ich aktuell auch auf CD aufgenommen habe. Seine Hornkonzerte liebe ich ganz besonders und zusammen mit den wunderbaren Kollegen von Festival Strings Lucern wird die Musik ganz besonders strahlen. Sie passt sehr gut in den großen Saal der Wartburg — und dann feiern wir obendrein noch das 400. Konzert vom Deutschlandfunk... Besser kann es doch eigentlich nicht kommen, oder? Ich habe mich jedenfalls wahnsinnig über die Einladung zu diesem Konzert gefreut.

Die Wartburg als Musikort wurde von namhaften Persönlichkeiten wie Walther von der Vogelweide, Richard Wagner oder Franz Liszt und in der jüngeren Vergangenheit durch zahlreiche Auftritte von hochkarätigen Musikern geprägt. Kann diese musikalische Tradition einen Musiker beflügeln?

Felix Klieser: *Wir klassischen Musiker lassen uns ja sehr gerne von der Geschichte beflügeln. Im letzten Jahr habe ich in der Mozartstadt Salzburg alle Hornkonzerte von Mozart im Mozarteum zusammen mit DEM Mozartorchester, der Camerata Salzburg, aufgenommen. Jeden Morgen bin ich vom Hotel zu Fuß an Mozarts Wohnhaus vorbei gegangen, um zum Mozarteum zu kommen. Solche Dinge beeinflussen einen auf jeden Fall. Ich glaube, die Aufnahme wäre nicht so gut geworden, wenn ich nicht dieses unglaubliche Umfeld gehabt hätte. Und so ist es auch mit geschichtsträchtigen Konzertsälen. Man hat das Gefühl, der Geschichte ganz nah zu sein, ein Teil davon zu werden. Das macht großen Spaß.*

Sie werden in diesem Jahr auf verschiedenen Bühnen spielen und unter anderem in modernen Philharmonien, in der Musik- und Kongresshalle Lübeck oder dem Kammermusiksaal des Deutschlandfunks auftreten. An welchen Orten spielen Sie persönlich am liebsten?

Felix Klieser: *Es gibt tatsächlich solche Orte, die eine gewisse Magie haben. Ich mag allerdings beides: Alte Gemäuer und auch moderne Neubauten. In jahrhundertalten Kirchen oder auf Schlössern und Burgen zu spielen hat absolut seinen Reiz. Da erzählt jeder Balken eine Geschichte und manchmal stelle ich mir tatsächlich vor, was diese alten Steine wohl schon alles gehört und gesehen haben. Beim nächsten Konzert spiele ich dann wieder in einem hochmodernen Konzertsaal wie z.B. der Hamburger Elbphilharmonie und bin ebenfalls beeindruckt und natürlich auch beflügelt. Auf der Wartburg zu spielen, ist und bleibt dennoch besonders.*

Der Festsaal im romanischen Palas der Wartburg mit seiner hölzernen, halbtrapezförmigen Decke unterscheidet sich doch merklich von modernen Konzerthäusern. Sie haben bereits im August 2015 hier gespielt. Wie wirkt sich dieser räumliche Umstand auf den Klang und die Klangfarben des Horns aus?

Felix Klieser: *Ich erinnere mich noch sehr gerne an das Konzert und die angenehme Akustik dort. Für mich als Hornisten ist es immer wichtig, dass das, was ich auf der Bühne mache, auch im Saal so rüber kommt. Es gibt Säle, dort muss ich beispielsweise sehr darauf achten, dass der Klang im Forte nicht kaputt geht. In anderen Häusern wird das Piano verschluckt. All das führt dazu, dass man nicht wirklich frei spielen kann, sondern auf die Akustik reagieren muss. Daher freue ich mich auch aus diesem Grund ganz besonders auf das Konzert in der Wartburg.*

Sänger Krieg Festival Nᵒ 1

Wartburg-Palas
19.09.2006

Wenzel

Arlo Guthrie

ARLO GUTHRIE UND
HANS-ECKARDT WENZEL:
LIEDER VON BEIDEN
SEITEN DES ATLANTIK.

Wartburg Eisenach Thüringen – 19. bis 23. September 2006

»Mit dem großen Folk-Sänger Arlo Guthrie verbindet mich eine tiefe Freundschaft. Ich habe ihn bei einem Konzert in Nashville kennengelernt und wir haben den Plan geschmiedet, dass er endlich wieder einmal, nach fast 20 Jahren Pause, nach Deutschland kommen sollte. Wir haben also eine Tournee vorbereitet und nach Partnern gesucht. Welche Freude, als sich die Möglichkeit eröffnete, auf der Wartburg spielen zu können. Arlo war sehr beeindruckt, ist es doch ein Ort, wo unsere Zunft einen Ursprungsort aufsuchen und sich mit der Geschichte in einen Dialog begeben kann. Wir haben von diesem Konzert eine sehr schöne CD produziert: »Every 100 Years – Arlo Guthrie & Wenzel Live auf der Wartburg«. Mit Unterstützung des Jazz-Archivs Eisenach und des MDR war die Produktion möglich geworden. Arlo sagte mir nach dem Konzert, dass es für ihn eine große Ehre gewesen sei, dort zu spielen und er saß noch lange nach dem Konzert auf der Bühne und bestaunte den wunderbaren Raum.«

HANS-ECKARDT WENZEL, Interview 2020

Postkarte zum Auftritt von Hans-Eckardt Wenzel und Arlo Guthrie im
Rahmen des »Sängerkrieg-Festivals« im September 2006 auf der Wartburg

Die Westseite des Festsaals im Palas der Wartburg

Autorenverzeichnis

Prof. Dr. Jens Haustein, Universität Jena, Professur für Germanistische Mediävistik
Dr. Reinhold Brunner, Stadt Eisenach, Amt für Bildung
Dr. Grit Jacobs, wiss. Leiterin, Wartburg-Stiftung
Dr. Dorothee Menke, wiss. Mitarbeiterin, Wartburg-Stiftung
Daniel Miksch, wiss. Mitarbeiter, Wartburg-Stiftung
Petra Schall, wiss. Mitarbeiterin, Wartburg-Stiftung
Bettina Schmidt, Redakteurin, Deutschlandfunk Kultur
Günter Schuchardt, Burghauptmann, Wartburg-Stiftung

Abbildungsverzeichnis

3ST ICH KITE: S. 155
Rainer Beichler: S. 138–139
bpk-Bildagentur: S. 58
Bundesarchiv: S. 100–102
Sandra Buschow: S. 153
Deutschlandfunk Kultur: Buchtitel, S. 110–116
Daniel Eckenfelder, Lippmann + Rau-Stiftung: Buchtitel, S. 32–33, 63, 140–141
Maike Helbig: S. 146, 156
Christiane Höhne, MDR: S. 134
Martin Jehnichen: S. 151
Matthias Kaiser, Erfurt: S. 131
Klaus-Peter Kaschke, ePressGermany Int'l Berlin: Buchtitel, S. 137
Manfred Kastner: S. 68
Sabine Kierdorf: S. 148
Ulrich Kneise: S. 108–109, 126, 158–159
Landestheater Eisenach: S. 30
Dustin Müller: Buchtitel, S. 133
Michael Reichel: S. 147
Igor Semechin: S. 149
Stadtarchiv Eisenach: S. 81, 85–87, 89
ThULB Jena, Abteilung Handschriften: S. 23
Universitätsbibliothek Heidelberg: S. 21, 22, 25, 26
Warner Music Group Germany: S. 130
Wartburg-Stiftung: Buchtitel, Frontispiz, S. 9, 11, 14, 18, 28, 35–38, 40, 41, 43, 45–48, 52, 55–57, 59, 64–67, 71–78, 82, 83, 88, 91, 93–96, 98, 104, 106, 107, 119–125, 129, 142, 143, 145, 157
Andreas Weise/CMR: Buchtitel, S. 31
Manfred Weisz: S. 154

Bibliografische Informationen der Deutschen Bibliothek:
Die deutsche Bibliothek verzeichnet diese Publikation in der Deutschen Nationalbibliografie; detaillierte bibliografische Angaben sind im Internet über http://dnb.ddb.de abrufbar.

© 2020 Verlag Schnell & Steiner GmbH
Leibnizstraße 13, 93055 Regensburg

Begleitschrift zur Sonderausstellung vom 17. Mai 2020 bis 31. Januar 2021 auf der Wartburg
Herausgeber: *Grit Jacobs*
Redaktion: *Christine Fröhlich, Grit Jacobs, Claudia Meißner, Dorothee Menke, Daniel Miksch, Petra Schall, Günter Schuchardt*
Gestaltung: *Gerd Haubner*, Erfurt
Schriften: Rabenau Pro
Papier: MultiArt Silk 150 g/m²
Herstellung: Druckhaus Gera GmbH

Printed in Germany
ISBN 978-3-7954-3553-0